LANGENSCHEIDTS MUSTERBRIEFE

100 Briefe Deutsch

für Export und Import

von

Birgit Abegg

LANGENSCHEIDT

BERLIN · MÜNCHEN · WIEN · ZÜRICH · NEW YORK

Die in den deutschen Musterbriefen verzeichneten Namen, Anschriften, Telefon- und Faxnummern sind mit einigen Ausnahmen fiktiv. Die genannten Warenpreise sind nicht als maßgebend anzusehen, da sie ständigen Schwankungen unterliegen.

Druck: Druckhaus Langenscheidt, Berlin-Schöneberg
Printed in Germany
ISBN 3-468-41112-X
www.langenscheidt.de

3. 4. 5. 6. 7. * 06 05 04 03 02

Vorwort

„Langenscheidts Musterbriefe“* sind denen, die eine Fremdsprache erlernen oder Geschäftsbriefe in einer fremden Sprache schreiben müssen, seit Jahrzehnten ein vertrautes Hilfsmittel, das sich in der Praxis als nützlich erwiesen und bewährt hat.

Die vorliegenden „100 Briefe Deutsch“ sind für Benutzer mit englischer, französischer und spanischer Ausgangssprache ebenso geeignet wie für deutschsprachige Benutzer. Sie wurden völlig neu gestaltet und in Inhalt, Stil und Form der heutigen Geschäftspraxis angepasst. Die auf den neuesten Stand gebrachte Einführung in die Form des deutschen Geschäftsbriefs wird durch Muster von Brief, Umschlag und Telefax im Original-Lay-out ergänzt.

Ausländern erschließt sich der Inhalt der Einführung und der Musterbriefe durch die den Text begleitende Übersetzung schwieriger Ausdrücke in englischer, französischer und spanischer Sprache.

Den Musterbriefen folgen im Geschäftsleben übliche Abkürzungen mit Übersetzung und ein ausführliches Sachregister.

Autorin dieser Neubearbeitung ist Birgit Abegg, staatlich anerkannte Übersetzerin und Gerichtsdolmetscherin, die seit langem auch als Dozentin für Wirtschaftssprache in Firmen der deutschen Industrie sowie Prüferin für Fremdsprachen an der Industrie- und Handelskammer Düsseldorf tätig ist.

Der besondere Dank der Autorin und des Verlags gilt ihren Kollegen der IHK Düsseldorf, die als Muttersprachler die Vokabeln überprüften: Herrn Michael Benford für Englisch, Herrn Julián Moreno für Spanisch und Herrn Jean-Marie Richeboeuf für Französisch sowie Frau Gabriele Meurer für die computergerechte Erstellung des Manuskripts. Unser Dank gilt auch den Firmen SMS Schloemann-Siemag Aktiengesellschaft, Düsseldorf, und Vinespa GmbH, Mönchengladbach, für die Genehmigung zum Abdruck von Originalbriefen.

LANGENSCHEIDT

* „Langenscheidts Musterbriefe“ liegen auch für die englische, französische, italienische und spanische Sprache vor.

Foreword

For decades now "Langenscheidts Musterbriefe"* have been familiar to anyone needing to learn or write business letters in a foreign language. The "Musterbriefe" have proved their worth and usefulness in practice.

This collection of "100 Briefe Deutsch" is suitable for native speakers of English, French and Spanish and also German-speaking users. It has been completely revised and its contents, style and form brought into line with current business practice. The introduction to the form of the German business letter has been thoroughly modernized and supplemented with specimens of letters, envelopes and faxes depicted in their original form.

To help the non-German user difficult expressions in the introduction and in the model letters have been translated into English, French and Spanish.

The model letters are followed by lists of common abbreviations with their translations and a comprehensive index.

The author of this new edition is Birgit Abegg, a state-qualified translator and legal interpreter, who has also taught foreign languages for commercial purposes in companies for many years, as well as being an examiner for foreign languages at the Chamber of Commerce and Industry in Düsseldorf.

The author and publishers wish to express their special thanks to the colleagues at the Chamber of Commerce and Industry in Düsseldorf who, as native speakers, checked the vocabulary lists: Michael Benford for English, Julián Moreno for Spanish and Jean-Marie Richeboeuf for French, and also to Gabriele Meurer for typing the manuscript. Our thanks are also due to the SMS Schloemann-Siemag Aktiengesellschaft in Düsseldorf and Vinespa GmbH in Mönchengladbach for their permission to reproduce original letters.

LANGENSCHEIDT

* "Langenscheidts Musterbriefe" are also available for English, French, Italian and Spanish.

Préface

«Langenscheidts Musterbriefe»*, les lettres modèles de Langenscheidt, ont, depuis des décennies, fait leurs preuves et sont une aide familière à tous ceux qui apprennent une langue étrangère ou qui doivent écrire des lettres d'affaires dans une langue étrangère.

La présente édition «100 Briefe Deutsch» est destinée tout aussi bien aux lecteurs de langue anglaise, française et espagnole, qu'aux germanophones. Ces 100 lettres ont été entièrement revues et corrigées, adaptées par le style et la forme à la pratique commerciale d'aujourd'hui. L'introduction à la présentation de la lettre d'affaires allemande a été complétée par des modèles de lettres, d'enveloppes et de télécopies dans leur version originale.

La traduction des expressions difficiles en anglais, français et espagnol, accompagnant chaque texte, permet aux étrangers de comprendre l'introduction et les lettres modèles.

Les lettres modèles sont suivies des abréviations usuelles de la vie commerciale et de leur traduction, ainsi que d'un registre.

L'auteur de cette édition revue et corrigée est Birgit Abegg, traductrice diplômée d'Etat et interprète assermentée, chargée de cours de langue commerciale dans des entreprises industrielles allemandes et examinatrice de la Chambre de Commerce et d'Industrie de Düsseldorf pour les langues étrangères.

L'auteur et les éditeurs tiennent à remercier tout particulièrement les membres des commissions d'examens de la C.C.I. de Düsseldorf qui ont revu le vocabulaire de leur langue maternelle: Monsieur Michael Benford pour l'anglais, Monsieur Julián Moreno pour l'espagnol et Monsieur Jean-Marie Richeboeuf pour le français, ainsi que Madame Gabriele Meurer pour l'élaboration informatique du manuscrit. Nos remerciements s'adressent aussi aux sociétés SMS Schloemann-Siemag Aktiengesellschaft, Düsseldorf, et Vinespa GmbH, Mönchengladbach, pour leur autorisation de reproduire des originaux.

LANGENSCHEIDT

* «Langenscheidts Musterbriefe» existent aussi pour l'anglais, le français, l'espagnol et l'italien.

Prefacio

Para todos aquellos que aprenden un idioma o deben redactar cartas comerciales en una lengua extranjera, «Langenscheidts Musterbriefe» son una ayuda ya tradicional desde hace décadas, habiendo demostrado en la práctica su utilidad y eficacia.

Las «100 Briefe Deutsch» que presentamos aquí se ajustan a las necesidades, tanto de los que utilizan el inglés, francés y español como idioma de origen, como a las del usuario de lengua alemana. Estas cartas han sufrido una completa reestructuración adaptándose en contenido, estilo y forma a los usos comerciales actuales. La introducción, puesta al día en cuanto a la forma de la carta comercial alemana, ha sido complementada con modelos de cartas, sobres y telefax en diseño original.

Con la traducción de vocablos difíciles al inglés, francés y español al margen del texto, el usuario tiene la oportunidad de ampliar su vocabulario.

Tras las cartas modelo aparece un capítulo con las abreviaturas corrientes en la vida comercial, acompañadas de las correspondientes traducciones, así como un extenso índice de materias.

Birgit Abegg, autora de esta edición refundida, es traductora diplomada e intérprete jurada, y desde hace muchos años docente de lenguaje económico en empresas de la industria alemana así como examinadora de lenguas extranjeras en la Cámara de Comercio e Industria de Düsseldorf.

La autora y la editorial quieren expresar su gratitud en especial a sus colegas de la CCI de Düsseldorf, que como hablantes nativos supervisaron el vocabulario: el señor Michael Benford, para el inglés; el señor Jean-Marie Richeboeuf, para el francés, y el señor Julián E. Moreno, para el español. Igualmente expresan su agradecimiento a la señora Gabriele Meurer por la elaboración asistida por ordenador del manuscrito. Nuestro agradecimiento va dirigido también a las empresas SMS Schloemann-Siemag Aktiengesellschaft, de Düsseldorf, y Vinespa GmbH, de Mönchengladbach, por haber autorizado la reproducción de cartas originales.

LANGENSCHEIDT

* Las «Langenscheidts Musterbriefe» han sido publicadas igualmente en inglés, francés, italiano y español.

Inhaltsverzeichnis

Anhang

Die Form des deutschen Geschäftsbriefs

Die Musterbriefe dieser Sammlung entsprechen der heute üblichen Praxis der deutschen Geschäftskorrespondenz, für die sich auch die „Hinweise für das Maschinenschreiben“ im DUDEN „Rechtschreibung der deutschen Sprache“ als sehr nützlich erwiesen haben. Auf wesentliche Neuerungen der „Schreib- und Gestaltungsregeln für die Textverarbeitung“ (DIN 5008 des Deutschen Instituts für Normung e.V.) wird in dieser Einführung hingewiesen; die betreffenden Absätze sind durch * am Rand gekennzeichnet.

1. Briefblatt-Formate

Briefblatt DIN A4 = 210 x 297 mm
Halbbriefblatt DIN A5 = 148 x 210 mm
Postkarte DIN A6 = 105 x 148 mm
In der Regel wird das DIN-A4-Blatt verwendet.

2. Briefkopf

Es gibt einen schmalen Briefkopf (Höhe 27 mm) und einen breiten Briefkopf (Höhe 45 mm).

In diesem Feld kann der Briefkopf frei gestaltet werden. Darunter folgt das Feld für die Absenderangaben und darunter das Anschriftenfeld.

In den meisten Fällen ist der Briefkopf vorgedruckt und enthält Namen und Anschrift sowie Telefon- und Faxnummer des Absenders.

3. Anschrift

Die Anschrift kann höchstens 9 Zeilen umfassen, da 9 Zeilen (+ vorgedruckte Absenderangaben) in das Fenster genormter Fensterbriefumschläge passen.

Hier einige Beispiele:

1
2
3 Frau
4 Maria Hoffmann
5 bei Jagenhofer
6 Otto-Brenner-Str. 45
7
8 33607 Bielefeld
9

Musterbriefe im Original-Lay-out siehe Seite 155 ff.

Geschäftsbrief *m*
business letter; lettre commerciale; carta comercial
Geschäftskorrespondenz *f*
business correspondence; correspondance commerciale; correspondencia comercial
Regel *f*
rule; règle; regla
Maschinenschreiben *n*
typewriting; dactylographie; mecanografía
Briefblatt *n*
sheet of stationery; feuille de papier à lettres; pliego de carta
Halbbriefblatt *n*
half-size sheet (A5-sheet); feuille-in-octavo; medio pliego
Briefkopf *m*
letterhead; en-tête; membrete
Absenderangabe *f*
details of the sender; indication de l’expéditeur; indicación del remitente
Anschriftenfeld *n*
space for the address; adresse; dirección
Zeile *f*
line; ligne; línea
Fensterbriefumschlag *m*
window/panel envelope; enveloppe; sobre de ventanilla

1	Einschreiben	1	
2		2	
3	Herrn Rechtsanwalt	3	Immobilien
4	Peter Mütze	4	Dr. Jürgen Flotow
5	Titanweg 20	5	Abt. WKL 2013/U
6		6	Postfach 34 58 10
7	33334 Gütersloh	7	
8		8	59067 Hamm
9		9	

Die *Angaben im Anschriftenfeld* gliedern sich wie folgt:

a) *Sendungsart, Versendungsform, Vorausverfügung*

(z. B. Drucksache, Einschreiben, Nicht nachsenden, Warensendung, Eilzustellung, Luftpost usw.)

Diese Angaben stehen in den beiden ersten Zeilen. Können sie wegen Platzmangels nicht durch eine Leerzeile abgesetzt werden, so werden sie unterstrichen:

1	Eilzustellung	1	Einschreiben
2		2	Eilzustellung
3	Herrn	3	Herrn
4	G. Meyer-Wiesenfeld	4	G. Meyer-Wiesenfeld

b) *Empfängerbezeichnung*

Empfängerbezeichnungen sollen sinngemäß in Zeilen aufgeteilt werden.

Berufs- oder Amtsbezeichnungen stehen meist in einer Zeile mit „Herrn"/„Frau", längere Bezeichnungen stehen unter dem Namen:

3	Herrn Rechtsanwalt	3	Herrn Hans Frisch
4	Peter Mütze	4	Präsident des Verbandes
		5	der ...

Akademische Grade stehen vor dem Namen:

3 Frau
4 Dr. Helga Gebhard

In *Firmenanschriften* wird das Wort „Firma" weggelassen, wenn aus der Empfängerbezeichnung erkennbar ist, dass es sich um eine Firma handelt:

3	Fritz Wegner GmbH	3	Firma
		4	Emil Neuner

Sendungsart *f*
nature of the object delivered; mode d'envoi; modo de envío

Versendungsform *f*
form of delivery; forme d'envoi; forma de envío

Vorausverfügung *f*
advance order; disposition par avance; disposición adelantada

Drucksache *f*
printed form; imprimé; impresos

Einschreiben *n*
registered letter; lettre recommandée; carta certificada/*Am:* registrada

Nicht nachsenden
do not forward to addressee; ne pas faire suivre; no remitir

Warensendung *f*
goods shipment; expédition de marchandises; expedición de mercancías

Eilzustellung *f*
express delivery; remise par exprès; entrega urgente

Luftpost *f*
airmail; par avion; por avión

Leerzeile *f*
free line; ligne blanche; renglón en blanco

Empfängerbezeichnung *f*
addressee; destinataire; destinatario

Amtsbezeichnung *f*
official title; désignation officielle du grade; denominación del cargo

c) *Postfach oder Straße und Hausnummer*

5 Postfach 13 26 39
5 Ligusterweg 14

d) *Postleitzahl und Bestimmungsort*

7 80711 München

e) *Bestimmungsland* (s. Auslandsanschriften)

Auslandsanschriften

Bestimmungsort und *Bestimmungsland* mussten früher in Großbuchstaben geschrieben werden. Hier haben sich die Regeln nach Einführung des Computers gelockert. Anordnung und Schreibweise der Anschrift sollte man am besten der Absenderangabe des Partners entnehmen.
Der Bestimmungsort sollte möglichst in der Sprache des Bestimmungslandes angegeben werden.

* Auslandsanschriften enthalten keine Leerzeilen.

Auf die Angabe des Bestimmungslandes in der letzten Anschriftzeile kann im Verkehr mit bestimmten Ländern verzichtet werden, wenn das Nationalitätskennzeichen für Kraftfahrzeuge der Postleitzahl/dem Bestimmungsort vorangestellt und davon durch einen Bindestrich getrennt wird:

3	Behcet Kale	3	JMJ Engineering
4	Ankara Caddesi no. 277	4	89 Brocks Drive
5	Bornova/Izmir	5	East Cheam
6	TÜRKEI 3	6	GB-London SW14 1UZ

4. Bezugszeichen

Die meisten Firmen-Briefbogen haben eine vorgedruckte Zeile mit Bezugszeichen-Leitwörtern, zum Beispiel:

Ihr Zeichen:	Ihre Nachricht vom:
Unser Zeichen:	Unsere Nachricht vom:
Tel.: (0142) 13 45 11	(Absendeort:) München, 23.11.00

Postfach *n*
P.O. Box; boîte postale; apartado de correos, *Am:* casilla postal
Postleitzahl *f*
post/zip code; code postal; código postal
Bestimmungsort *m*
place of destination; lieu de destination; lugar de destino
Bestimmungsland *n*
country of destination; pays de destination; país de destino
Auslandsanschrift *f*
foreign address; adresse à l'étranger; dirección en el extranjero
Nationalitätskennzeichen *n*
nationality plate; plaque de nationalité; placa de nacionalidad
Bezugszeichen *n*
reference; référence; referencia
Leitwort *n*
reference word; mot-guide; palabra de referencia
Ihr(e) Zeichen *n (pl.)*
your reference; votre référence; su referencia
Ihre Nachricht *f*
your letter; votre lettre; su carta
Absendeort *m*
place of despatch; lieu d'expédition; lugar de expedición

5. Datum

Das Datum wird heute fast immer 8-stellig geschrieben – 6 Ziffern (je zwei für Tag / Monat / Jahr), die durch Punkte getrennt sind:

14.07.00

* Das numerisch angegebene Datum wird absteigend (Jahr-Monat-Tag) mit Mittestrich gegliedert:

2000-07-14 00-07-14

Natürlich kann der Monatsname auch ausgeschrieben werden:

14. Juli 00

Es ist üblich, den Absendeort mit dem Datum zu verbinden:

Köln, den 14. Juli 00 *Köln, 2000-07-14
Köln, 14.07.00

Datum *n*
date; date; fecha

6. Betreff

Die Betreffzeile enthält eine stichwortartige Inhaltsangabe des Briefs und steht vor der Anrede. Das früher übliche „Betreff:", „Betrifft:" oder abgekürzt „Betr.:" wird heute nicht mehr verwendet:

Ihr Auftrag Nr. 2378 vom 03.03.00

Betreff *m*
reference (line); objet; asunto

Inhaltsangabe *f*
summary of contents; déclaration du contenu; declaración del contenido

7. Anrede

Die Anrede folgt im Abstand von zwei Leerzeilen auf die Betreffzeile und wird durch eine Leerzeile vom folgenden Text getrennt. Sie lautet, falls kein Name bekannt ist:

Sehr geehrte Damen und Herren,

Die Anrede

Sehr geehrte Herren,

ist nur noch gebräuchlich, wenn man weiß, dass dem angesprochenen Mitarbeiterstab keine Dame angehört.

Ist der Name bekannt, so wird die persönliche Anrede vorgezogen:

Sehr geehrte Frau Schmidt,
Sehr geehrter Herr Meyer,

Die Anrede wird durch ein Komma abgeschlossen.

Anrede *f*
salutation; appel; encabezamiento, saludo

Mitarbeiterstab *m*
staff; ensemble des collaborateurs; equipo de colaboradores

8. Brieftext

Der Brieftext besteht, auch wenn er sehr kurz ist, in der Regel aus Einleitung, Hauptteil und Schluss.

Zwischen Anrede und Text, zwischen Text und Grußformel, zwischen Grußformel und Firmennamen steht je eine Leerzeile. Ebenso werden die Absätze im Text durch eine Leerzeile getrennt.

Hervorhebungen im Brieftext

Dafür stehen folgende Mittel zur Verfügung:

Unterstreichen S p e r r e n
GROSSBUCHSTABEN Einrücken

Häufig auch:

Fettschrift

9. DM-Beträge

Die Währungseinheit „DM" steht vorwiegend hinter der Zahl. Pfennigbeträge werden durch Komma abgesetzt. Wird kein Pfennigbetrag angegeben, so steht entweder „00" oder „—" hinter dem Komma oder die Angabe wird ganz weggelassen:

70,30 DM 70,00 DM 70,-- DM 70 DM

DM-Beträge mit mehr als drei Stellen können mit Leerstellen oder mit Punkt gegliedert werden:

4 030 DM 250.400 DM

10. Grußformel

Heute übliche Grußformeln sind:

Mit freundlichem Gruß

Mit freundlichen Grüßen

Freundliche Grüße

Das früher verwendete „Hochachtungsvoll" gilt als steif und findet sich nur noch in sehr offiziellen Schreiben.

Brieftext *m*
body of the letter; corps de la lettre; cuerpo de la carta

Einleitung *f*
introduction; introduction; introducción

Grußformel *f*
complimentary close; formule de politesse; fórmula de cortesía

Hervorhebung *f*
emphasis; faire ressortir certains éléments; cosas que se ponen de relieve

unterstreichen
underline; souligner; subrayar

sperren
double-space; espacer; espaciar

Betrag *m*
amount; montant; importe

Währungseinheit *f*
currency unit; unité monétaire; unidad monetaria

11. Anlagen- und Verteilervermerke

Sie stehen nach einer Leerzeile am Schluss des Briefes:

Mit freundlichen Grüßen

ppa. …

Peter Berger

.

1 Anlage

Bei Platzmangel stehen diese Vermerke rechts auf Höhe der Grußformel:

Mit freundlichen Grüßen	Anlagen 1 Prospekt 1 Preisliste
…	
Karin Vogt	

Anlage *f*
enclosure; pièces jointes; anexo
Verteiler *m*
distribution list; liste des destinataires; repartición de copias
Vermerk *m*
note; remarque; nota, observación
Doppelpunkt *m*
colon; deux points; dos puntos

12. Folgeseiten

Es ist üblich, die 2. und weitere Seiten auf der jeweils vorhergehenden Seite anzukündigen. Früher geschah das durch Angabe der nächsten Seitenzahl, heute nur noch durch drei Punkte.

Folgeseite *f*
next page; page suivante; página siguiente
Seitenzahl *f*
page number; numéro de page; número de la página

Das Telefax

In einer Zeit ständig erweiterter mündlicher und immer schnellerer schriftlicher Kommunikationsmöglichkeiten hat das Telefax heute einen bedeutenden Platz eingenommen und das Fernschreiben weitestgehend verdrängt.

Telefaxe sind geschäftsbriefähnliche, jedoch meist weniger formgebundene schriftliche Nachrichten, die über telefonisch anwählbare Faxgeräte direkt vom Absender an den Empfänger geschickt werden.

Die Gestaltung des Faxbriefkopfes ist noch keinen festen Normen unterworfen (vgl. Telefax im Original-Lay-out auf Seite 158).

Einfache Anfrage

Simple enquiry · Demande simple · Demanda simple

1

Herrn
Ian P. Woods
Managing Director
Towsen & Peterham Ltd.
The Old Rectory P. O. Box
Rotherham SSO 1QR
GROSSBRITANNIEN

Ludwigshafen, 12. Oktober 19..

Sehr geehrte Damen und Herren,

wir erhielten Ihren Namen und Ihre Adresse von gemeinsamen Geschäftsfreunden, Gebrüder Jagenberger OHG in Köln, die bereits seit mehreren Jahren Ihre Produkte nach Nordrhein-Westfalen importieren und Sie auch über unser Haus informieren können.

Da wir seit einiger Zeit unser Angebot von Gartengeräten erweitern möchten, wären wir ggf. am Kauf von mechanischen und elektrischen Rasenmähern interessiert.

Um Ihnen einen Eindruck unseres Hauses zu vermitteln, fügen wir einen Katalog der von uns bisher vertriebenen Geräte bei. Wir beliefern die Gartenzentren und Baumärkte unseres Bundeslandes Rheinland-Pfalz.

Falls Sie interessiert sind, bitten wir um Übersendung Ihres Prospektmaterials für Rasenmäher und Ihrer allgemeinen Lieferbedingungen. Ferner bitten wir um Bekanntgabe Ihrer Liefer- und Garantiezeiten und um Mitteilung, welche Art von Kundendienst Sie bieten.

Wir freuen uns auf Ihre baldige Antwort.

Mit freundlichen Grüßen — Anlage

Lauch & Co. GmbH

ppa. … — i.V. …

(Schneider) — (Richard)

gemeinsame Geschäftsfreunde
mutual business friends; correspondants communs; corresponsales comunes

Angebot *n*
hier: range; offre; oferta

Gartengeräte *n/pl.*
garden tools; ustensiles de jardinage; utensilios de jardinería

Rasenmäher *m*
lawnmower; tondeuse à gazon; cortacésped

Gartenzentrum *n*
garden centre; centre de jardinage; centro de jardinería

Baumarkt *m*
do-it-yourself store; bâti-center; sección de bricolaje

Prospektmaterial *n*
descriptive literature; catalogues et prospectus; folletos y prospectos

Lieferbedingungen *f/pl.*
conditions/terms of delivery; conditions de livraison; condiciones de entrega

Kundendienst *m*
after-sales service; service après-vente; servicio posventa

2 Einfache Anfrage

Simple enquiry · Demande simple · Demanda simple

Mr. K. Kimura
6-15-24-30 Minamishinagawa
Shinagawa-ku
Tokyo 140
JAPAN

Düsseldorf, 30.06.19..

Import von Soja-Saucen

Sehr geehrter Herr Kimura,

auf der letzten ANUGA-Messe in Köln haben wir auf dem japanischen Gemeinschaftsstand Ihre Saucen gesehen, probiert und auch ein Faltblatt Ihrer Firma bekommen.

Wir beliefern zum großen Teil hier ansässige japanische Kunden und wären am Import regelmäßiger Mengen Soja-Saucen interessiert. Wir benötigen die folgenden Liefermengen:

a) Flaschen à jeweils 1/2 l in Kartons zu je 6 oder 12 Stück;
b) Flaschen à 1 l in Kartons zu je 6 oder 12 Stück;
c) Großpackungen entweder in 5-Liter-Flaschen oder in Kanistern à 4 Stück.

Monatlicher Bedarf: ca. 700 Liter = 1 Palette.

Bitte schicken Sie uns Ihr günstigstes Angebot für Lieferung frei Haus. Unsere üblichen Zahlungsbedingungen sind netto Kasse gegen Dokumente.

Darüber hinaus benötigen wir Muster und Analysedaten Ihrer Soja-Sauce.

Unsere Hausbank, die Deutsche Bank AG Düsseldorf, ist gern bereit, Ihnen eine Referenz über unsere Firma zu geben.

Wir erwarten Ihr umgehendes Angebot.

Mit freundlichen Grüßen

ppa. ... i.V. ...

(A. Lechlinger) (P. Riedel)

Soja-Sauce *f*
soya sauce; sauce de soja; salsa de soja

Gemeinschaftsstand *m*
joint stand; stand collectif; stand colectivo

Faltblatt *n*
leaflet; dépliant; folleto

hier ansässig
located here; domicilié / résident ici; ubicado aquí / en ésta

Großpackung *f*
economy pack; format économique; paquete grande

5-Liter-Flasche *f*
5-litre bottle; bouteille de 5 litres; botella de 5 litros

Kanister *m*
can, container; bidon; bidón

Palette *f*
pallet; palette; paleta

netto Kasse gegen Dokumente
net cash against documents; net au comptant contre documents; neto al contado contra documentos

Muster *n*
sample; échantillon; muestra

Analysedaten *n / pl.*
analysis data; données d'analyse; datos del análisis

Anfrage aufgrund eines Tenders

Enquiry on the basis of a tender · Demande à la suite d'un appel d'offres · Demanda a base de un concurso-subasta

3

Telefax

an: Polnische Handelskammer
Fax: 010 48 22 274 673

von: Lenzmann Eisenbahnbau AG; 12120 Berlin
Fax: 030 8 59 10 21

Datum: 24. Februar 19..

Sehr geehrte Damen und Herren,

unsere Firma beteiligt sich zurzeit an einer EU-weiten Ausschreibung für ein Projekt in Rumänien. Könnten Sie mir daher polnische Firmen nennen, die folgendes Material liefern könnten:

1. Ersatzteile für Maschinenkompressoren, Maschinenersatzteile und Kolben für Ikarus-Fahrzeuge, Typen 260.50, 280.33, 280.64;
2. Ersatzteile für „Tatra"-Waggons, Typ T4R;
3. Elektrolyt-Kupferkathoden und Kupferwickeldraht mit einem Durchmesser von 18 mm;
4. Ausrüstung und Ersatzteile für Diesel-Elektro-Lokomotiven;
5. Eisenbahnwaggonbatterien, Starter- und Speicherbatterien für Lokomotiven.

Sobald Sie uns Namen und Adressen von geeigneten Firmen mitgeteilt haben, werden wir diesen weitere Einzelheiten zukommen lassen.

Da wir zeitlich mit der Abgabe unseres Tenders unter Druck stehen, wären wir für baldige Nachricht - spätestens in zwei Wochen - dankbar.

Mit freundlichen Grüßen

i. A. ...

(Fassbender)

EU-weite Ausschreibung
EU-wide tender; appel d'offres comprenant toute l'UE; concurso-subasta en el ámbito de la UE

Ersatzteile *n/pl.*
spare parts; pièces de rechange; piezas de recambio/repuesto

Kompressor *m*
compressor; compresseur; compresor

Kolben *m*
piston; piston; pistón

Elektrolyt *m*
electrolyte; électrolyte; electrólito

Kupferkathode *f*
copper cathode; cathode en cuivre; cátodo de cobre

Wickeldraht *m*
winding wire; fil de bobinage; hilo de bobinado

Eisenbahnwaggonbatterie *f*
rail coach battery; batterie de véhicule ferroviaire; batería de vagón de ferrocarril

Starterbatterie *f*
starter battery; batterie démarreur; batería de arranque

Speicherbatterie *f*
storage battery; batterie secondaire, accumulateur; acumulador

4 Anfrage aufgrund einer Anzeige

Enquiry following an advertisement · Demande à la suite d'une annonce · Demanda a base de un anuncio

Telefax

Empfänger:	**Absender:**
Market Maker Software GmbH	André Maître
Grüner Graben 1	Rue Ferdinand Nicolay, 20
D-67655 Kaiserslautern	B-4102 Ougrée
Fax: (06 31) 36 49 -109	Fax: (00 32) 86 2 30 40 -10

Datum: 4. Januar 19..

Ihre Anzeige im „Handelsblatt" vom 28.12.19..

Sehr geehrte Damen und Herren,

in der o. a. Zeitung habe ich Ihre Anzeige über Ihr neues Konzept einer Börsensoftware gelesen.

Da ich beabsichtige, mich in diesem Jahr stärker auf dem deutschen Aktienmarkt zu engagieren, wäre ich an dieser Software interessiert. Welche automatischen Kauf- und Verkaufssignale kann diese Software vermitteln? Garantiert sie eine professionelle Depotverwaltung?

Für weitere Einzelheiten wäre ich Ihnen dankbar. Schicken Sie mir bitte auch einen Prospekt über das Programm.

Mit freundlichen Grüßen

...

Börsensoftware *f*
Stock Exchange software; logiciel de Bourse; software bursátil

Kauf- und Verkaufssignale *n/pl.*
purchase and sales signals; signaux d'achat et de vente; señales de compra y venta

Depotverwaltung *f*
portfolio administration; administration du portefeuille; administración de cartera

Einzelheiten *f/pl.*
details; détails; detalles, pormenores

Unverlangtes Angebot

Unsolicited offer · Offre non-sollicitée · Oferta no solicitada

Hamburg, 5. August 19..

Rundschreiben

Sommerschlussverkauf unserer hochwertigen Saisonware

Sehr verehrte Kundin, sehr verehrter Kunde,

dass Sie unsere Waren kennen und schätzen gelernt haben, ersehen wir aus unserer Kundenkartei. Dürfen wir uns daher heute mit einem ganz besonderen Angebot an Sie wenden:

Wir wollen Platz schaffen für unsere neue Kollektion, die schon bald für die neue Saison eintreffen wird. Bevor wir daher unseren normalen Sommerschlussverkauf starten, möchten wir unseren treuen Kunden ganz besonders schöne und teure Stücke zu einmaligen Vorzugskonditionen von 25 % unter dem normalen Verkaufspreis im Geschäft anbieten. Sie können in der Woche vom 17. bis 22. August unser Geschäft aufsuchen und alle mit einem roten Schild gekennzeichneten Waren um 1/4 billiger erwerben, wenn Sie das vorliegende Schreiben vorlegen.

Machen Sie von unserem außergewöhnlichen Angebot Gebrauch! Wir freuen uns auf Ihren Besuch.

... ...

Peer Jansen Marlene Angermann

Rundschreiben *n*
circular; circulaire; circular

Saisonware *f*
seasonal garments; vêtements de saison; ropa de la temporada

Sommerschlussverkauf *m*
summer sales; soldes d'été; rebajas/saldos de verano

Kundenkartei *f*
customer card-index; fichier de clients; fichero de clientes

Platz *m* **schaffen für**
make room for; faire de la place pour; hacer sitio para

Kollektion *f*
collection; collection; colección

einmalige Vorzugskonditionen *f/pl.*
unique preferential conditions; conditions préférentielles exceptionnelles; condiciones únicas de preferencia

Verkaufspreis *m*
sales price; prix de vente; precio de venta

Schild *n*
tag; étiquette; etiqueta

außergewöhnliches Angebot
exceptional offer; offre exceptionnelle; oferta excepcional

6 Freibleibendes Angebot

Offer without obligation · Offre sans obligation · Oferta sin compromiso

Telefax

an: Schweizerische Fruchtimport-Agentur
Andermatt
Fax-Nr.: 00 41 44 43 90 - 2 38

von: Frucht-Import und -Export GmbH, Bremen
Fax-Nr.: 49 4 21 30 58 60

Datum: 4. Juli 19..

Ihre Anfrage vom 02.07.19..

Sehr geehrter Herr Nägeli,

vielen Dank für Ihre Anfrage. Wir können Ihnen aus Vorrat - Zwischenverkauf vorbehalten - die folgenden Früchte anbieten:

1. 5000 kg Kiwis aus Australien, 1. Wahl,
   verpackt in 500 Kisten à 10 kg,
   Preis ab unserem Lager: 40,00 DM pro Kiste
2. 1000 Stück Ananas aus Haiti, 1. Wahl,
   verpackt in 50 Kisten à 20 Stück,
   Preis ab unserem Lager: 3,95 DM/kg.

Wir erwarten die Sendung aus Australien im Lauf der kommenden Woche; die Ananas werden morgen im Bremer Hafen ausgeladen.

Auf Wunsch können wir Ihnen auch ein Transportangebot für Lieferung frei Haus machen.

Zahlung: innerhalb 14 Tagen mit 2% Skonto.

Wir bitten um baldige Nachricht per Fax.

Mit freundlichen Grüßen

Frucht-Import und -Export GmbH

i. A. ...

(F. Schneider)

aus Vorrat
from stock; disponible en stock; de nuestro stock / almacén

Zwischenverkauf *m* **vorbehalten**
subject to prior sale; sauf vente intermédiaire; salvo venta

1. Wahl *f*
top quality; de tout premier choix; de primera calidad

verpackt
packed; emballé; embalado

ausladen
to unload; décharger; descargar

auf Wunsch
on request, if requested; sur demande; según sus deseos

Lieferung frei Haus
delivery franco domicile; livraison franco domicile; entrega franco domicilio

Verlangtes Angebot

Solicited offer · Offre sollicitée · Oferta solicitada

Weingut der Stadt Eltville
Georg-Müller-Stiftung Hattenheim
65346 Eltville am Rhein 3

Schötterer GmbH
Marktstraße 10–12

47179 Duisburg

Ihr Zeichen:	Unser Zeichen:	Hattenheim,
fk/ma	30/94/gr	15.08.19..

Ihre Nachricht vom: 10.08.19..

Ihre Anfrage auf unsere Weine

Sehr geehrter Herr Forkart,

herzlichen Dank für Ihre o. a. Anfrage.

Die einzelnen Preise für unsere Weine entnehmen Sie bitte der beigefügten Preisliste.

Frachtkosten: Ab 48 Flaschen an eine Adresse liefern wir frei Bahnstation. Bei Sendungen unter 48 Flaschen an eine Adresse berechnen wir die tatsächlichen Fracht- oder Portokosten.

Normalkartons mit bruchsicherer Styroporeinlage:

3 Flaschen	DM 1,80
6 Flaschen	DM 3,00
12 Flaschen	DM 6,00

Alle unsere Kartons sind für Post- und Bahnversand geeignet. Auf die Preise wird noch die 15 %ige Mehrwertsteuer erhoben.

...

Frachtkosten *pl.* freight charges; frais de transport; gastos de transporte

frei Bahnstation free railway station; franco gare ferroviaire; franco estación de ferrocarril

Portokosten *pl.* postage; frais de port; gastos de franqueo

bruchsichere Styroporeinlage fracture-proof polystyrene lining; intérieur en polystyrène résistant à la rupture; interior de poliestireno a prueba de roturas

Postversand *m* postal delivery; expédition postale; expedición postal / por correo

Bahnversand *m* delivery by rail; expédition ferroviaire; expedición por ferrocarril

Mehrwertsteuer *f* value-added tax (VAT); taxe sur la valeur ajoutée (TVA); impuesto sobre el valor añadido (IVA)

-2-

Für unsere geschmackvollen Geschenkkartons mit bruchsicherer Styroporeinlage berechnen wir:

3 Flaschen	DM 4,50
6 Flaschen	DM 6,50

Wir haben noch eine besondere Geschenkidee für Sie:

Die 1,5 l-Magnumflasche zu folgenden Preisen:

1987er	Hattenheimer Schützenhaus Riesling Kabinett halbtrocken	DM 25,00
1988er	Hattenheimer Schützenhaus Riesling Spätlese trocken	DM 38,00
	Dazu passende Holzkiste (nicht zum Versand geeignet)	DM 12,00
	Styroporkarton (zum Versand geeignet)	DM 4,00

Diese Preise verstehen sich bereits einschließlich der Mehrwertsteuer. Da es sich um ein Sonderangebot handelt, sind diese Weine in begrenzter Anzahl vorhanden und nur lieferbar, solange der Vorrat reicht.

Wir hoffen, bald Ihren Auftrag zu erhalten, und stehen für eventuelle Fragen jederzeit zu Ihrer Verfügung.

Mit freundlichen Grüßen

i.A. ...

(Peter Granderath)
Verwalter

geschmackvoller Geschenkkarton
stylish gift box; boîte-cadeau de style; caja de regalo exquisita

Magnumflasche *f*
magnum bottle; magnum; botella de tamaño extra

trocken
dry; sec; seco

(nicht) zum Versand geeignet
(not) suitable for transport; (pas) approprié pour le transport; (in)adecuado para el transporte

in begrenzter Anzahl
in limited quantity; en quantité limitée; en cantidad limitada

solange der Vorrat reicht
as long as stocks last; jusqu'à l'épuisement du stock; hasta que las existencias estén agotadas

Beschwerde über unzulängliche Waren

Complaint about damaged goods · Réclamation concernant des marchandises endommagées · Reclamación referente a mercancías averiadas

8

➡ Brief 29

Kreutzer GmbH

Blumenaustraße 410 · 53179 Bonn

Gérard & Fils S.A.
39, avenue de la Seine
F-58200 Nevers

Bonn, 22. Okt. 19..

Ihre Lieferung Käse vom 21. Oktober 19..

Sehr geehrter Herr Gérard,

gestern erhielten wir per LKW Ihre Lieferung von Frischkäse, die leider nicht völlig in Ordnung war.

Zwei Kisten mit Boursin, Brie und Gruyère waren einwandfrei und konnten an die Einzelhandelsgeschäfte weitergegeben werden. Eine Kiste Reblochon kam jedoch in beschädigtem Zustand an. Eine Seite der Kiste ist wohl während des Transports aufgerissen worden, sodass Schmutz in die Kiste eindringen und den Käse beschädigen konnte.

Zum Beweis der Beschädigung fügen wir ein Foto der Kiste bei.

Wir können die gesamte Sendung Reblochon so nicht weiterverkaufen und bitten Sie daher um umgehenden Ersatz. Wir halten den Reblochon hier zu Ihrer Verfügung, bitten Sie aber, uns bald mitzuteilen, was wir mit der beschädigten Sendung machen sollen.

Da die Ware frei Haus geliefert wurde, ist die Versicherungsangelegenheit von Ihnen zu regeln.

Mit freundlichen Grüßen

...

(Peter Kreutzer jr.)

Anlage

Frischkäse *m*
curd cheese; fromage frais; queso fresco

einwandfrei
in perfect condition; en parfait état; en perfecto estado

Einzelhandelsgeschäft *n*
retail store; magasin de détail; negocio al por menor

aufreißen
to break open; déchirer; romper, rasgar

eindringen
to penetrate; pénétrer; penetrar

Beschädigung *f*
damage; endommagement; daño

weiterverkaufen
to re-sell; revendre; revender

Ersatz *m*
replacement; remplacement; reemplazo

zur Verfügung halten
to keep at your disposal; mettre à votre disposition; mantener a disposición

Sendung *f*
consignment; envoi; envío, remesa

Versicherungsangelegenheit *f*
insurance matter; l'affaire avec la société d'assurance; asunto del seguro

9 Berichtigung einer Reklamation

Adjustment of a complaint · Rectification d'une réclamation · Corrección de una reclamación

Magnetische Informations- und Datensysteme
z. H. Herrn Richard Klein
Gewerbepark

59069 Hamm
ALEMANHA

Porto, 20. September 19..

Unsere DRT/398-Halbleiter-Sendung vom 15. dieses Monats

Sehr geehrter Herr Klein,

vielen Dank für Ihre Mitteilung, in welcher Sie uns informieren, dass die von uns gelieferten Halbleiter nicht dem gewöhnlichen Standard entsprechen.

Wir haben die Angelegenheit nun untersucht und festgestellt, dass Sie irrtümlich DRT/298-Halbleiter erhalten haben. Diese verfügen zwar über ähnliche Eigenschaften wie die zuletzt gelieferten, sind aber nicht so leistungsfähig wie ihre Nachfolger, die DRT/398-Halbleiter.

Wir werden veranlassen, dass die DRT/398-Halbleiter sofort an Sie geschickt werden. Wir bitten Sie, unser Versehen zu entschuldigen, und bieten Ihnen an, die Sendung unfrei zurückzunehmen, wobei wir selbstverständlich auch die Versicherungsdeckung übernehmen. Sollten Sie ausnahmsweise bereit sein, die DRT/298-Halbleiter zu behalten, würden wir Ihnen einen außergewöhnlichen Nachlass von 20% auf diese gewähren.

Bitte geben Sie uns per Fax Bescheid. Wir melden uns sofort.

Mit freundlichen Grüßen

José Ribeiro & Cia.

...

Manuel Dias
(Gerente)

Halbleiter *m*
semi-conductor; semi-conducteur; semiconductor

dem gewöhnlichen Standard entsprechen
to be up to the usual standard; correspondre au standard habituel; corresponder al estándar habitual

irrtümlich
by mistake; par erreur, suite à une erreur; erróneamente

Eigenschaft *f*
quality; qualité; cualidad, propiedad

leistungsfähig
efficient; puissant; productivo, eficiente

Nachfolger *m*
successor; successeur; sucesor

unfrei
carriage forward; en port dû; franco de flete, porte debido

Versicherungsdeckung *f*
insurance cover; couverture d'assurance; cobertura de seguro

außergewöhnlicher Nachlass
special discount; remise spéciale; rebaja extraordinaria

Bitte um Bankauskunft

Request for information · Demande de renseignement · Ruego de información

10

➡ Brief 11

Samson & Jones PTY
Cape Town · South Africa

Your ref.:
Our ref.: SN/mlk 2034

11. März 19..

DEUTSCHE IMMOBILIENBANK AG
Postfach 40 21

D-30451 Hannover
GERMANY

Bitte um Auskunft über: Diehm & Partner GmbH,
Braunstr. 4
30169 Hannover

Sehr geehrte Damen und Herren,

die o. a. Firma hat uns eine größere Bestellung über Diamantschleifmaschinen im Werte von ca. 350.000,00 US $ erteilt.

Die Begleichung der Rechnung soll in 3 Raten über einen Zeitraum von 12 Monaten erfolgen.

Da die o. a. Firma Ihre Bank als Referenz angegeben hat, wären wir Ihnen sehr verbunden, wenn Sie uns mitteilen könnten, ob sie bei Ihnen über genügend liquide Mittel verfügt und welche Bonität und Zahlungsmoral sie besitzt.

Jede Auskunft, die Sie uns freundlicherweise erteilen, wird von uns selbstverständlich als streng vertraulich behandelt.

Mit freundlichen Grüßen

...

P. R. Hillington
Sales Manager

Bestellung *f*
order; commande; pedido

Diamantschleifmaschine *f*
diamond cutting machine; lapidaire; esmeriladora de diamante

Begleichung *f* **der Rechnung**
settlement of the invoice; règlement de la facture; liquidación de la factura

Rate *f*
instalment; acompte; plazo

Zeitraum *m*
period of time; période; periodo de tiempo

Referenz *f*
reference; référence; referencia

liquide Mittel
liquid funds; disponibilités; fondos líquidos

Bonität *f*
credit, solvency; solvabilité, honorabilité; crédito, solvencia

Zahlungsmoral *f*
payment habits; régularité des paiements; moral de pago

streng vertraulich
strictly confidential; strictement confidentiel; estrictamente confidencial

11 Positive Bankauskunft

Favourable bank reference · Référence bancaire positive · Información bancaria positiva

➡ Brief 10

DEUTSCHE IMMOBILIENBANK AG
Hannover

Samson & Jones Pty.
z. H. Herrn P. R. Hillington
P. O. Box 395
Cape Town
SÜDAFRIKA

Ihre Nachricht vom:	Ihr Zeichen:	Unser Zeichen:
11.03.19..	SN/mlk 2034	pg/fg

Hannover, 20. März 19..

Ihre Bitte um Auskunft über:

Diehm & Partner GmbH,
Braunstr. 4,
30169 Hannover

Sehr geehrter Herr Hillington,

wir haben Ihr o. a. Schreiben erhalten und geben Ihnen, auch im Einverständnis mit unserem Kunden, gern die gewünschte Auskunft.

Die Firma hat mit unserer Bank seit Jahren Kontoverbindung, und wir gewähren einen Dispositionskredit. Sie verfügt über ein Stammkapital von DM 500.000,00. Ihre Außenstände liegen stets im Rahmen und werden fristgerecht beglichen.

Über den von Ihnen erwähnten Auftrag haben uns Diehm & Partner bereits informiert. Wir stehen in Kreditverhandlungen. Der Kredit soll sich auf ca. DM 250.000,00 belaufen. Den Rest will die Firma aus Barmitteln aufbringen.

Auch über die sonstige Bonität und Zahlungsmoral der Gesellschaft können wir nur Positives berichten.

...

Auskunft *f* **geben**
to give information; donner des renseignements; dar informes

Kontoverbindung *f* **haben**
to have an account; avoir un compte; tener una cuenta

Dispositionskredit *m*
credit, overdraft facility; crédit, avance à découvert; crédito en descubierto

Stammkapital *n*
nominal share capital; capital social; capital social

Außenstände *m/pl.*
outstanding debts; créances à recouvrer; cobros pendientes

in Kreditverhandlungen stehen
to negotiate credit facilities; avoir entamé des négociations de crédit; estar negociando condiciones de crédito

sich belaufen auf
to amount to; s'élever à; ascender a

Barmittel *n/pl.*
cash funds; disponibilités; fondos líquidos

–2–

Wir sind seit 20 Jahren ihre Hausbank und wickeln fast alle ihre Finanzgeschäfte zu beiderseitiger Zufriedenheit ab.

Unserer Meinung nach bestehen für Sie keine Bedenken den Auftrag anzunehmen.

Diese Auskunft erfolgt für uns selbstverständlich unverbindlich.

Mit freundlichen Grüßen

i. A. ...

Peter Bergmann
Kreditmanager

die Hausbank der Gesellschaft sein
to be the company's bankers; être la banque de la société; ser el banco de la sociedad

Finanzgeschäfte *n/pl.* **abwickeln**
to carry out financial transactions; exécuter des transactions financières; ejecutar transacciones financieras

12 Negative Bankauskunft

Unfavourable bank reference · Référence bancaire négative · Información bancaria negativa

BANQUE DU MIDI S.A.
MARSEILLE

Kollmannsberger KG
z. H. Frau Schröter
Werner Str. 120

D-59379 Selm
ALLEMAGNE

Marseille, 3. Juni 19..

Ets. Rochechamps, Marseille
Ihre Anfrage vom 15. Mai 19..

Sehr geehrte Frau Schröter,

in Beantwortung Ihrer Bitte um eine Auskunft hinsichtlich des oben aufgeführten Unternehmens müssen wir Ihnen leider mitteilen, dass wir diese Firma noch nicht sehr lange kennen.

Aus diesem Grunde können wir über das Unternehmen keine Angaben machen.

Wir bedauern, Ihnen in dieser Angelegenheit nicht helfen zu können.

Mit freundlichen Grüßen

BANQUE DU MIDI

...

M. Renton
Service Crédit

in Beantwortung
in reply to; en réponse à; en contestación a

Bitte *f* **um Auskunft**
request for information; demande de renseignement; petición / solicitud de informes

Angaben *f/pl.* **machen**
to supply information; donner des détails; dar pormenores / detalles

in dieser Angelegenheit
in this matter; dans cette affaire; en este asunto

Bitte um Kreditauskunft

Request for credit information · Demande de renseignement concernant un crédit · Demanda de información sobre un crédito

13

➡ Brief 14

Société Esch S.A.
10, boulevard Royal
2953 Luxembourg

Siebenthaler GmbH
Niessenstraße 4

D-20251 Hamburg
ALLEMAGNE

Luxembourg, 16. Oktober 19..

Bitte um Kreditauskunft
STRENG VERTRAULICH!

Sehr geehrte Damen und Herren,

wir sind kürzlich von der auf beiliegendem Blatt aufgeführten Firma hinsichtlich der Gewährung eines vierteljährlichen Kredites über DM 10.000,00 angesprochen worden. Ihr Unternehmen wurde uns dabei als Referenz angegeben unter Hinweis darauf, dass Sie seit Jahren mit der o. g. Firma in Geschäftsverbindung stehen.

Wir wären Ihnen dankbar, wenn Sie uns zur Feststellung der Kreditwürdigkeit des o. a. Unternehmens einige Fragen beantworten könnten. Zu diesem Zweck fügen wir einen frankierten Rückumschlag bei.

Wir würden gerne Folgendes wissen:

1. Wie lange kennen Sie die beiden Geschäftsführer?
2. Welches Kreditlimit setzen Sie dieser Firma gewöhnlich?
3. Zu welchen Bedingungen arbeiten Sie mit diesem Unternehmen zusammen?

...

streng vertraulich strictly confidential; strictement confidentiel; estrictamente confidencial
beiliegendes Blatt enclosed slip; fiche en annexe; nota adjunta
jemanden ansprechen to approach s.o.; contacter quelqu'un; dirigirse/contactar a alguien
in Geschäftsverbindung stehen to have business relations; entretenir des relations commerciales; tener/mantener relaciones comerciales
Kreditwürdigkeit *f* creditworthiness; solvabilité; solvencia
frankierter Rückumschlag stamped addressed envelope; enveloppe de réponse affranchie; sobre franqueado
Geschäftsführer *m* Managing Director (Ltd.); Gérant (S.A.R.L.); Gerente (S.R.L.)
ein Kreditlimit setzen to set a credit limit; fixer une limite de crédit; fijar un límite de crédito

–2–

4. Werden die Zahlungen pünktlich/langsam/schleppend geleistet?
5. Hatten Sie jemals Schwierigkeiten die Rückstände einzutreiben?
6. Können Sie noch irgendwelche zusätzlichen Angaben machen?

Selbstverständlich werden wir Ihre Auskunft streng vertraulich behandeln und betrachten sie als unverbindlich Ihrerseits.

Wir bedanken uns im Voraus für Ihre Hilfe und sind gern zu entsprechenden Gegendiensten bereit.

Mit freundlichen Grüßen

...

Pierre Leroy
Gérant

Anlage

Zahlungen *f/pl.* **leisten**
to make/effect payments; faire/effectuer des paiements; hacer/efectuar pagos

pünktlich
punctually; ponctuellement; puntualmente

Rückstände *m/pl.* **eintreiben**
to recover outstanding debts; faire rentrer des arriérés; cobrar pagos ratrasados

unverbindlich Ihrerseits
without obligation on your part; sans obligation de votre part; sin compromiso de su parte

gern zu Gegendiensten bereit sein
to be glad to reciprocate services; être toujours prêts à rendre des services réciproques; estar siempre a la recíproca

Kreditauskunft einer Firma

Credit information of a firm · Renseignement de crédit d'une société · Informe de una sociedad sobre un crédito

14

Siebenthaler GmbH
Hamburg

Société Esch S.A.
z. H. Herrn Pierre Leroy
10, Boulevard Royal
L-2953 Luxembourg

Hamburg, 24. Oktober 19..

Ihre Bitte um Kreditauskunft
Ihr Schreiben vom 16.10.19..

Sehr geehrter Herr Leroy,

gern kommen wir Ihrer Bitte um Auskunft über die in Rede stehende Firma nach. Das Unternehmen ist uns seit vielen Jahren bekannt. Es ist auf dem lokalen Markt gut eingeführt und verfügt im In- und Ausland über einen hervorragenden Ruf.

Wir stehen seit ca.10 Jahren mit dem Unternehmen in reger Geschäftsverbindung und beliefern es mit vierteljährlichem Zahlungsziel. Unser Kreditrahmen hat jedoch niemals DM 10.000,00 im Vierteljahr erreicht, sondern beläuft sich höchstens auf die Hälfte.

Zu Ihren Fragen können wir Folgendes sagen:

1. Beide Geschäftsführer sind uns persönlich bekannt und genießen einen untadeligen Leumund.
2. Das Kreditlimit beträgt bei uns ca. DM 5.000,00.
3. Entweder, wie oben erwähnt, haben wir ein Zahlungsziel von 90 Tagen, oder der Kunde zahlt per Wechsel mit einer Laufzeit von zwischen 120 und 180 Tagen.

...

➡ Brief 13

einer Bitte nachkommen
to meet a request; satisfaire à une demande; cumplir con un deseo

auf dem Markt gut eingeführt sein
to be well introduced in the market; être bien introduit sur le marché; estar bien introducido en el mercado

über einen hervorragenden Ruf verfügen
to have an excellent reputation; jouir d'une réputation excellente; disponer de una reputación excelente

vierteljährliches Zahlungsziel
quarterly account terms; un délai de paiement de 3 mois; un plazo de pago de 3 meses

Kreditrahmen *m*
credit facility; volume de crédit; volumen de crédito, marco crediticio

untadeliger Leumund
irreproachable name; nom irréprochable; nombre / reputación irreprochable

Wechsel *m*
bill of exchange, draft; lettre de change; letra de cambio

Laufzeit *f*
term; délai de circulation; duración

-2-

4. Die Zahlungen wurden immer pünktlich geleistet.
5. Nein.
6. Die Firma hat kürzlich eine größere Investition getätigt, die möglicherweise die Kreditspanne etwas einschränkt.

Wir bitten Sie, unsere Auskunft streng vertraulich und für uns unverbindlich zu behandeln, und hoffen, Ihnen mit diesen Angaben gedient zu haben.

Mit freundlichen Grüßen

i. A. ...

R. Paulsen
Exportleiter

Zahlung *f* pünktlich leisten
to pay punctually; payer ponctuellement; pagar puntualmente

Investition *f*
investment; investissement; inversión

Kreditspanne *f*
credit margin; marge de crédit; margen de crédito

unverbindlich
without obligation; sans obligation; sin compromiso

Vermittlung eines potenziellen Kunden

Recommending a potential customer · Médiation d'un client potentiel · Mediación de un cliente potencial

15

Herrn
P. F. Zanders
Pharmazeutische Produkte GmbH
Postfach 23 05

40549 Düsseldorf
DEUTSCHLAND

18. Oktober 19..

Ihre Düngemittelprodukte für den indonesischen Markt

Sehr geehrter Herr Zanders,

wir beziehen uns auf Ihr Fax vom 15. dieses Monats und teilen Ihnen mit, dass unser Kunde in Djakarta soeben den Erhalt der Muster und des Prospektmaterials Ihrer Produkte bestätigt hat.

Der Kunde ist am Kauf von ca. 30 Tonnen des infrage kommenden Materials interessiert. Er wird in den nächsten Tagen eine genaue Spezifikation senden, die wir dann an Sie weiterleiten. Wir bitten Sie, die Preise FOB Antwerpen zu kalkulieren und eine Provision von 3 % für uns zu berücksichtigen.

In der Zwischenzeit werden wir uns um eine Auskunft über diesen Kunden bemühen. Wir haben uns bereits an eine Filiale unserer Bank in Djakarta gewandt.
In jedem Fall empfehlen wir Zahlung per unwiderruflichem, bestätigtem Akkreditiv. Auf Wunsch werden wir uns um die Zahlungsformalitäten kümmern.

Falls noch weitere Fragen bestehen, bitten wir um entsprechende Mitteilung.

Mit freundlichen Grüßen

Bristol Enterprises plc

...

Jeremy Jones
Agent for the Far East

Düngemittelprodukte *n/pl.*
fertilizer products; engrais; fertilizantes

Muster *n*
sample; échantillon; muestra

Prospektmaterial *n*
descriptive literature; catalogues et prospectus; folletos y prospectos

weiterleiten
to pass on; transmettre; pasar, reexpedir

Provision *f*
commission; commission; comisión

sich bemühen um
hier: to try to obtain; essayer d'obtenir; tratar de conseguir

Filiale *f*
branch; agence; sucursal

unwiderrufliches, bestätigtes Akkreditiv
irrevocable, confirmed letter of credit; crédit irrévocable et confirmé; carta de crédito irrevocable y confirmada

auf Wunsch
on request, if requested; sur demande; si Vd. lo desea

Zahlungsformalitäten *f/pl.*
payment formalities; formalités de paiement; formalidades de pago

16 Auftragserteilung

Placing an order · Passation d'une commande · Otorgamiento de un pedido

Arthur Brüggemann GmbH & Co.
Vertreter der Mercedes-Benz AG
Postfach 1 01 74 41 85

D-40008 Düsseldorf
GERMANY

Abu Dhabi, 12. Januar 19..

Sehr geehrte Damen und Herren,

vielen Dank für die Zusendung Ihres Prospektes und Ihres Angebotes vom 15.12.19..

Hiermit bestelle ich einen Mercedes Benz S 600 Coupé,
Metalliclackierung RAUCHSILBER,
Polsterung: Leder MITTELROT,

zum Preis von:	DM 196.900,00
mit folgenden Extras:	
Schiebe-Hebe-Dach elektrisch in Glasausführung	DM 350,00
Rollo elektrisch für Heckfenster	DM 685,00
Einbruch- und Diebstahlwarnanlage	DM 815,00
Fernbedienung für Radio	DM 180,00
CD-Wechsel im Kofferraum	DM 980,00
	DM 199.910,00
plus 15 % Mehrwertsteuer	DM 29.986,50
	DM 229.896,50

Ihrer Preisliste habe ich entnommen, dass die Klimatisierungsautomatik serienmäßig eingebaut ist.

Bitte teilen Sie mir mit, wann der Wagen abholbereit ist, da ich vorhabe, ihn selbst in Düsseldorf abzuholen. Die Überführung in meine Heimat werde ich selbst übernehmen. Zwecks Zahlung schlage ich die Begleichung per Bankscheck in Düsseldorf vor.

Mit freundlichen Grüßen

...

Rauchsilber *n*
smoke silver; argent fumé; plata empañada

Schiebe-Hebe-Dach *n*
sliding and lifting roof; toit coulissant et levant; techo corredizo elevable

Rollo *n* **für Heckfenster**
rear window blind; store pour lunette arrière; persiana enrollable para ventanilla trasera

Einbruch- und Diebstahlwarnanlage *f*
car alarm system; alarme contre vol et effraction; sirena de alarma para hurto y robo

serienmäßig eingebaut sein
to be a standard installation; être installé en série; ser instalado en serie

abholbereit
ready for collection; prêt pour être enlevé; poderse recoger, listo para la recogida

Überführung *f*
transfer; transfert; traslado

Begleichung *f* **per Bankscheck**
settlement by banker's draft; règlement par chèque bancaire; liquidación por cheque bancario

Auftragsannahme

Acceptance of order · Acceptation de la commande · Aceptación de pedido

➜ Briefe 19, 28

TELEFAX

an: Schneider Wärmemesser GmbH
D-10245 Berlin
Fax: ++ 49/30/5 90 21 98

von: Fabbrica Bonaretti S.p.A.
I-84015 Nocera Superiore (Salerno)
Fax: ++ 39/81/93 30 21

Datum: 13. September 19..

Sehr geehrter Herr Lauterbach,

vielen Dank für Ihr Fax vom 11.09. Heute Morgen erhielten wir auch Ihren Prospekt über den alternativen Mikrowärmemesser 20 P 3000. Da er die gleichen Voraussetzungen zu erfüllen scheint wie Ihr Mikrowärmemesser 11 P 2000, erteilen wir Ihnen hiermit den Auftrag, statt der bestellten 2000 Mikrowärmemesser 11 P 2000 nun 2000 Mikrowärmemesser 20 P 3000 zum selben Preis und zu den gleichen Bedingungen zu liefern.

Alle weiteren Konditionen unseres Auftrages vom 10.09.19.. bleiben unverändert.

Wir bitten um sofortige Lieferung.

Mit freundlichen Grüßen

...

Giovanni Bonaretti
Einkaufsabteilung

Mikrowärmemesser *m*
microradiometer; microradiomètre; microcalorímetro

Voraussetzungen *f/pl.* **erfüllen**
to meet the requirements; remplir les conditions; cumplir con las condiciones

unverändert bleiben
to remain unchanged; rester inchangé; quedar inalterado

18 Annahme eines Exportauftrages

Accepting an export order · Acceptation d'une commande d'exportation · Aceptación de un pedido de exportación

Firma
S. R. Chan Dong
Bongwoo Building, Room No.120
45-9, 2-ga Jangchung-dong
Jung-ku, Seoul
KOREA

Ihr Zeichen:	Unser Zeichen:	Bremen,
tong 3401	gh/ja	30. August 19..

Ihr Auftrag tong 3401 vom 22.08.19.. über Präzisionswerkzeuge

Sehr geehrte Damen und Herren,

wir bestätigen den uns mit obiger Bestellung erteilten Auftrag, für den wir Ihnen danken.

Es handelt sich um folgende Geräte:

PY BR 900	
200 Stück zu je DM 480,00:	DM 96.000,00
FH LC 450	
300 Stück zu je DM 350,00:	DM 105.000,00
SA LV 100	
400 Stück zu je DM 185,00:	DM 74.000,00
	DM 275.000,00

Unsere Preise verstehen sich FOB Bremen, einschließlich seemäßiger Verpackung. Unsere Geschäftsbedingungen, die Sie bereits kennen, haben wir nochmals beigefügt.

Lieferzeit: 8 Wochen nach Eröffnung des Akkreditivs

Zahlung: per unwiderrufliches Akkreditiv, zu bestätigen von einer deutschen Bank.

...

Präzisionswerkzeuge *n/pl.*
precision tools; outils de précision; herramientas de precisión

Stück *n*
piece, unit; pièce; unidad

unsere Preise verstehen sich
our prices are quoted; nos prix s'entendent; nuestros precios se entienden

Geschäftsbedingungen *f/pl.*
terms of business; conditions de livraison; condiciones de entrega

Lieferzeit *f*
delivery time; délai de livraison; plazo de entrega

nach Eröffnung *f* **des Akkreditivs**
after the opening of the letter of credit (L/C); après ouverture du crédit documentaire; después de la apertura de la carta de crédito

unwiderruflich
irrevocable; irrévocable; irrevocable

zu bestätigen
to be confirmed; devant être confirmé;

Die im Akkreditiv vermerkten, von Ihnen benötigten Dokumente werden wir über unsere Bank einreichen. Für die Beschaffung einer Importlizenz in Ihrem Land fügen wir diesem Schreiben eine Proforma-Rechnung bei.

Wir machen erneut darauf aufmerksam, dass wir mit der Produktion der Präzisionswerkzeuge erst beginnen können, wenn wir die Bestätigung der deutschen Bank über die Eröffnung des Akkreditivs erhalten haben.

Abschließend danken wir Ihnen nochmals für Ihren Auftrag und versichern Ihnen, dass wir ihn zu Ihrer Zufriedenheit ausführen werden.

Mit freundlichen Grüßen

Bremer Präzisionswerkzeuge GmbH

i.V. ... i.A. ...

Bayer Jung

Anlage

einreichen
to present; présenter; presentar

Importlizenz *f*
import licence; licence d'importation; licencia de importación

Proforma-Rechnung *f*
pro-forma invoice; facture pro forma; factura proforma

zu Ihrer Zufriedenheit
to your satisfaction; à votre satisfaction; a su satisfacción

19 Ablehnung eines Auftrags und Gegenangebot

Refusal of an order and counter-offer · Refus d'une commande et contre-proposition · Rechazo de un pedido y contraoferta

➡ Briefe 17, 28

TELEFAX

an: Fabbrica Bonaretti S.p.A.
I-84015 Nocera Superiore (Salerno)
Fax: 81-93 30 21

von: Schneider Wärmemesser GmbH
D-10245 Berlin
Fax: 30-5 90 21 98

Datum: 11. September 19..

Sehr geehrter Herr Bonaretti,

leider müssen wir Ihnen mitteilen, dass wir Ihren gestrigen Auftrag per Fax über 2000 Mikrowärmemesser 11 P 2000 nicht annehmen können, da die Fabrikation dieser Mikrowärmemesser eingestellt worden ist.

Wir können Ihnen als Alternative die Mikrowärmemesser 20 P 3000 anbieten, von denen wir Ihnen mit getrennter Post einen Prospekt zuschicken. Der Preis ist zwar etwas höher, aber damit Sie sich von der Qualität des Nachfolgers überzeugen können, wären wir ausnahmsweise bereit, Ihnen diesen zum gleichen Preis wie den o. g. Mikrowärmemesser 11 P 2000 zu liefern.

Bitte lassen Sie uns bald wissen, ob wir den Auftrag auf die Mikrowärmemesser 20 P 3000 abändern sollen.

Mit freundlichen Grüßen

i. A. ...

Peter Lauterbach
Verkaufsleiter

Mikrowärmemesser *m*
microradiometre; microradiomètre; microradiómetro

Fabrikation *f* **einstellen**
to discontinue production; arrêter la production; suspender la producción

mit getrennter Post
by separate post, under separate cover; par courrier séparé; por correo separado

sich überzeugen von
to find out for oneself; se convaincre de; convencerse de

ausnahmsweise
as an exception; à titre d'exception; por excepción

den Auftrag abändern
to amend the order; modifier la commande; transferir el pedido a

Verkaufsleiter *m*
sales manager; directeur des ventes; director de ventas

Bitte um Übersendung einer Pro-forma-Rechnung **20**

Request for a pro forma invoice to be sent · Demande d'envoi d'une facture pro forma · Demanda de envío de una factura proforma

African Steel Trading Ltd.
P. O. Box 50 89
Dar Es Salaam · Tanzania

Schrader & Co. GmbH
Postfach 3 01 93

21785 Hamburg
GERMANY

Dar Es Salaam, 01.09.19..

Ihr Angebot über höhenverstellbare Kreissägen vom 13.08.19..

Sehr geehrte Damen und Herren,

wir freuen uns, Ihnen mitzuteilen, dass Ihr Angebot uns zusagt und wir daran interessiert sind, 500 Stück Ihrer höhenverstellbaren Kreissägen zu bestellen.

Um jedoch die Genehmigung unserer Regierungsbehörden für die Einfuhr dieser Maschinen zu erhalten, benötigen wir von Ihnen eine Pro-forma-Rechnung mit folgenden Angaben:

- Genaue Beschreibung der Ware;
- Einzel- und Gesamtpreis mit Angabe des Mengennachlasses;
- Zahlungs- und Lieferbedingungen CIF Dar Es Salaam;
- Packliste.

Wir wären Ihnen dankbar, wenn Sie die Pro-forma-Rechnung per Einschreiben senden würden. Sobald wir die Importlizenz erhalten haben, werden wir Sie per Fax benachrichtigen und das Akkreditiv bei unserer Bank eröffnen.

Mit freundlichen Grüßen

...

African Steel Trading Ltd.

höhenverstellbare Kreissäge *f*
circular saw with adjustable cutting depth; scie circulaire ajustable en hauteur; sierra circular de altura variable

Regierungsbehörden *f/pl.*
governmental authorities; autorités gouvernementales; autoridades gubernamentales

Einzel- und Gesamtpreis *m*
unit and total price; prix unitaire et total; precio por unidad y precio total

Mengennachlass *m*
quantity discount; remise; rebaja por cantidad

Packliste *f*
packing list; liste de colisage; lista de embalaje

per Einschreiben
by registered mail; en recommandé; por carta certificada

Importlizenz *f*
import licence; licence d'importation; licencia de importación

Akkreditiv *n*
letter of credit; crédit documentaire; crédito documentario

21 Erste Mahnung wegen verspäteter Zahlung

First reminder as a result of delayed payment · Premier rappel suite à un paiement retardé · Primera carta monitoria por causa de un pago retrasado

➜ Briefe 22, 23, 24

Tool McTyre Limited

38 Crosswell Lane · Dundee DU7 4TN
SCOTLAND

Deutsche Autozubehör GmbH
Am Friedhalm 27

57700 Plettenberg
GERMANY

Ihr Zeichen:	Unser Zeichen:	Dundee,
AZ/ph	PJR/4950	4. Juli 19..

Ihr Auftrag Nr. 23 091 vom 3. März dieses Jahres
Unsere Lieferung vom 23. Mai 19..

Sehr geehrte Damen und Herren,

wir beziehen uns auf unsere obige Lieferung von Autoreifen, Modell BX 900 C 7, die vorigen Monat CIF Bremerhaven erfolgt ist. Die Bestätigung unseres Spediteurs liegt uns vor.

Unsere Rechnung datierte vom 24. Mai 19.. und war innerhalb von 30 Tagen abzüglich 2% Skonto fällig. Wir erwarteten also Ihre Zahlung bis spätestens Ende Juni.

Da eine Gutschrift auf unser Konto laut Auskunft unserer Bank bisher nicht erfolgt ist, nehmen wir an, dass ein Versehen Ihrerseits vorliegt. Wir fügen daher eine Kopie der Rechnung bei und bitten um umgehende Überweisung des ausstehenden Betrages.

Mit freundlichen Grüßen

...

John F. Turner
Accounts Department

Anlage
1 Rechnungskopie

Autoreifen *m*
tyre; pneu; neumático

Spediteur *m*
forwarding agent; commissionnaire de transport; agente de transportes

abzüglich
less; déduction faite de; menos

fällig sein
to be due; être payable; ser pagadero

Gutschrift *f*
credit; crédit; crédito, abono

Versehen *n*
oversight; inadvertance; inadvertencia

Überweisung *f*
transfer; virement; giro, transferencia

ausstehender Betrag
outstanding amount; somme due; importe pendiente

Zweite Mahnung wegen verspäteter Zahlung

Second reminder as a result of delayed payment · Deuxième rappel suite à un paiement retardé · Segunda carta monitoria por causa de un pago retrasado

22

➔ Briefe 21, 23, 24

Tool Mc Tyre Limited

38 Crosswell Lane · Dundee DU7 4TN
SCOTLAND

Deutsche Autozubehör GmbH
Am Friedhalm 27

57700 Plettenberg
GERMANY

Ihr Zeichen:	Unser Zeichen:	Dundee,
AZ/ph	PJR/4950	22. Juli 19..

Ihr Auftrag Nr. 23 091 vom 3. März dieses Jahres
Unsere Lieferung vom 23. Mai 19..
Unser Schreiben vom 04.07.19..

Sehr geehrte Damen und Herren,

wir beziehen uns auf unsere obige Lieferung von Autoreifen, Modell BX 900 C 7, die vorigen Monat CIF Bremerhaven erfolgt ist. Mit Schreiben vom 04.07.19.. baten wir Sie bereits um die Begleichung der Rechnung, von der wir eine Kopie beifügten.

In der Zwischenzeit ist weder die Zahlung auf unser Konto erfolgt, noch haben wir von Ihnen eine Benachrichtigung erhalten. Wir nehmen deshalb an, dass Sie keine Beanstandungen an den gelieferten Autoreifen haben.

Falls anderweitige Schwierigkeiten bestehen, die eine Begleichung des noch ausstehenden Betrages erschweren, bitten wir um entsprechende Nachricht. Sie können Herrn Turner, den Leiter unserer Rechnungsabteilung, auch gern unter der Telefonnummer 0044/1382/6503-610 anrufen.

Mit freundlichen Grüßen

...

John F. Turner
Accounts Department

Begleichung *f*
settlement; règlement; pago, liquidación

in der Zwischenzeit
meanwhile; entretemps; mientras tanto

Zahlung *f* **ist erfolgt**
payment has been effected; le paiement a été effectué; el pago se ha efectuado

Beanstandungen *f/pl.* **haben**
to have complaints; avoir des réclamations; tener reclamaciones

Schwierigkeiten *f/pl.*
difficulties; difficultés; dificultades

jemanden um Nachricht bitten
to ask s.o. to inform (us); demander à quelqu'un de (nous) mettre au courant; pedir a alguien ser informado

23 Dritte und letzte Mahnung

Third and final reminder · Troisième et dernier rappel · Tercera y última carta monitoria

➜ Briefe 21, 22, 24

Tool McTyre Limited

38 Crosswell Lane · Dundee DU7 4TN
SCOTLAND

Deutsche Autozubehör GmbH
Am Friedhalm 27

57700 Plettenberg
GERMANY

Ihr Zeichen:	Unser Zeichen:	Dundee,
AZ/ph	PJR/4950	10. August 19..

Ihr Auftrag Nr. 23 091 vom 3. März dieses Jahres
Unsere Lieferung vom 23. Mai 19..
Unsere Schreiben vom 04. und 22.07.19..

Sehr geehrte Damen und Herren,

nachdem unsere beiden obigen Schreiben von Ihnen weder schriftlich noch mündlich beantwortet worden sind, sehen wir uns leider außerstande, noch länger auf die Begleichung unserer ausstehenden Forderung zu warten.

Wir räumen Ihnen eine letzte Frist bis zum 1. September 19.. ein. Sollte bis zu diesem Tag die Überweisung auf unser Konto nicht erfolgt sein und wir auch sonst keinerlei Reaktion von Ihnen bekommen haben, werden wir rechtliche Schritte gegen Sie einleiten.

Hochachtungsvoll

...

John F. Turner
Accounts Department

sich außerstande sehen
to be unable; se voir dans l'impossibilité; no verse en condiciones

auf die Begleichung warten
to wait for payment; attendre le règlement; esperar el pago

eine Frist einräumen
to grant an extension of the payment period; accorder un sursis; acordar un plazo

eine Reaktion bekommen
to receive a response; obtenir une réaction; tener una reacción

rechtliche Schritte *m/pl.* **gegen jem. einleiten**
to institute legal proceedings, to take legal action against s.o.; entreprendre des démarches judiciaires contre quelqu'un; entablar una acción judicial contra alguien

Antwort auf Mahnungen

Reply to reminders · Réponse aux rappels · Respuesta a las cartas recordatorias

➔ Briefe 21, 22, 23

Telefax

an: Tool Mc Tyre Limited
Fax: 0044/382/709045

von: Deutsche Autozubehör GmbH
Fax: 0049/2391/401173

Datum: 22. August 19..

Unser Auftrag Nr. 23091 vom 3. März 19..
Ihre Rechnung vom 24. 05. 19..

Sehr geehrter Herr Turner,

wir bitten um Entschuldigung, dass wir nicht früher auf Ihre Erinnerungsschreiben geantwortet haben.

Aufgrund der Neustrukturierung unseres Unternehmens und drastischer Rationalisierungsmaßnahmen, denen etliche Arbeitsplätze zum Opfer gefallen sind, hatten wir eine Reihe von Problemen in unserer Rechnungsabteilung. Insbesondere durch die Einführung einer neuen Software in unser Computersystem war es teilweise nicht möglich, die Außenstände pünktlich zu bezahlen.

Wir sind zurzeit dabei, alle Aufträge in das neue Softwareprogramm einzuarbeiten.

Um die Angelegenheit aber möglichst bald zu erledigen, haben wir in Begleichung der o. a. Rechnung in Höhe von £ 7.350,00 eine sofortige Banküberweisung von £ 3.350,00 veranlasst, die Sie in den nächsten Tagen erhalten werden.

Hinsichtlich des Restbetrages von £ 4.000,00 wären wir Ihnen sehr dankbar, wenn Sie uns einen Wechsel mit einer Laufzeit von 30 Tagen ausstellen würden,

...

drastische Rationalisierungsmaßnahmen
drastic rationalisation measures; mesures radicales de rationalisation; medidas drásticas de racionalización

Rechnungsabteilung *f*
accounts department; service de facturation; servicio de facturación

Außenstände *m/pl.* **bezahlen**
to pay outstanding debts; payer les dettes; pagar las deudas pendientes

Aufträge *m/pl.* **in ein Computerprogramm einarbeiten**
to process orders with a computer program; entrer des commandes dans le programme de l'ordinateur; incorporar pedidos en el programa del ordenador

in Begleichung *f* **einer Rechnung**
in settlement of the invoice; en règlement de la facture; como saldo de la factura

–2–

den wir sofort akzeptieren und an Sie zurücksenden werden. Dies würde uns in die Lage versetzen, die Probleme in unserer Rechnungsabteilung zu klären und die Sache innerhalb eines Monats zu erledigen.

Wir bitten nochmals, unsere verspätete Bearbeitung zu entschuldigen. Sobald unsere neue Software einwandfrei arbeitet, wird eine wie immer zügige Bearbeitung Ihrer Rechnungen erfolgen.

Mit freundlichen Grüßen

ppa. ... i. V. ...

Schmitz Günneberg

Probleme *n/pl.* **klären**
to clarify problems; résoudre des problèmes; resolver/aclarar problemas

zügige Bearbeitung
rapid processing; traitement rapide; despacho rápido, tramitación rápida

Bitte um Änderung der Zahlungsbedingungen 25

Request for change of conditions of payment · Demande de modification des conditions de paiement · Demanda de cambiar las condiciones de pago

➡ Brief 26

Christian Schimeczek
Sportbekleidung GmbH
Adalbert-Stifter-Straße 12 · 90768 Fürth

Josef Falkenstein GmbH
Sobbieskigasse 22
A-1090 Wien

Fürth, 3. Juli 19..

Sehr geehrter Herr Falkenstein,

vielen Dank für Ihre Sendung Skier und Skistöcke, die wir unversehrt erhalten haben. Der Rechnungsbetrag über öS 253 000,00 wurde von uns wie immer per Bankanweisung an Sie überwiesen.

Nachdem wir jetzt über 2 Jahre regelmäßig Sportartikel von Ihnen beziehen, mit denen wir auch sehr zufrieden sind, erlauben wir uns heute die Frage, ob Sie uns nicht – wie bei regelmäßigen Kunden üblich – ein offenes Zahlungsziel mit z. B. 3-monatiger Begleichung einräumen würden. Wir glauben, dass der Umfang unserer Geschäfte und die von uns stets pünktlich bezahlten Rechnungen eine solche Konzession rechtfertigen. Außerdem wäre es möglich, dass unser Haus durch Ihren Beitritt in die EU künftig in noch stärkerem Maße von Ihren Produkten Gebrauch machen wird, wenn Sie auf dem Binnenmarkt attraktive Preise anbieten können.

Wir freuen uns, bald wieder von Ihnen zu hören.

Mit freundlichen Grüßen

...

Christian Schimeczek
Geschäftsführer

unversehrt
intact; intact; intacto

Rechnungsbetrag *m*
invoice amount; montant de la facture; importe de la factura

per Banküberweisung *f*
by banker's transfer; par virement bancaire; por giro bancario

offenes Zahlungsziel mit 3-monatiger Begleichung
open account terms with three-monthly settlement; paiement avec un délai de 3 mois; pago con un plazo de 3 meses

einräumen
hier: to grant; accorder; conceder

Umfang *m* **der Geschäfte**
volume of sales; volume des ventes; volumen de ventas

Beitritt *m* **in die EU**
accession to the EU; accès à l'UE; acceso a la UE

Binnenmarkt *m*
single market; marché unique; mercado único

26 Gewährung eines Zahlungsziels

Granting of account terms · Accorder un paiement à terme · Concesión de un plazo de pago

➡ Brief 25

Joseph Falkenstein GmbH
Wien

Herrn
Christian Schimeczek
Sportbekleidung GmbH
Adalbert-Stifter-Str. 12

D-90768 Fürth

Wien, 15. Juli 19..

Sehr geehrter Herr Schimeczek,

vielen Dank für Ihr Schreiben vom 3. des Monats und für die Überweisung des Rechnungsbetrages in Höhe von öS 253 000,00.

Es ist uns eine Freude, Ihnen mitzuteilen, dass wir aufgrund unserer ausgezeichneten Geschäftsbeziehungen in der Vergangenheit gern bereit sind, Ihnen künftig ein Zahlungsziel einzuräumen. Da wir jedoch selbst mit sehr engen Gewinnmargen kalkulieren und unseren Zulieferanten gegenüber recht kurze Zahlungsfristen einhalten müssen, bitten wir Sie, dafür Verständnis zu haben, dass wir Ihnen nur ein Zahlungsziel von 60 Tagen, also 2 Monaten, einräumen können.

Diese Vereinbarung gilt ab sofort für alle künftigen Aufträge, die Sie uns erteilen. Wir würden uns freuen, wenn der EU-Beitritt Österreichs zu einer Ausweitung unserer Geschäftsbeziehungen beitragen würde.

Mit freundlichen Grüßen

...

Joseph Falkenstein

eine Freude sein to be a pleasure; être un plaisir; ser una alegría, placer
in der Vergangenheit in the past; dans le passé; en el pasado
Zahlungsziel *n* account terms, credit period; délai de paiement; plazo de pago
Gewinnmarge *f* profit margin; marge de bénéfice; margen de beneficio
Zulieferant *m* suppliers; sous-traitant; subproveedor
Verständnis *n* **haben** to appreciate; comprendre; comprender, tener comprensión
Vereinbarung *f* agreement; accord; acuerdo
Ausweitung *f* expansion; développement; amplificación

Versandanzeige

Advice of dispatch · Avis d'expédition · Aviso de expedición

Ziemann & Bauer AG

Postfach 3 50 91
59077 Hamm (Westf.)

Firma
Behcet Kale
Ankara Caddesi no. 277
Bornova / Izmir
TÜRKEI

Ihr Zeichen:	Unser Zeichen:	Hamm,
bk/mc	bau/pl 340 180	3. Oktober 19..

Ihre Bestellung 9037 vom 10.08.19..

Sehr geehrte Damen und Herren,

wir freuen uns, Ihnen mitzuteilen, dass die von Ihnen mit obiger Kauforder bestellten Güter gemäß Ihren Anweisungen verschifft worden sind.

Sie wurden in 5 Kisten zu je 100 pro Kiste verpackt. Die Kisten tragen die Aufschrift „S.M. 9037/KED" und sind fortlaufend nummeriert.

Die Sendung wurde an Bord der SS „Bellavia" verschifft, die voraussichtlich am 21. Oktober in Izmir ankommen wird.

Wir haben unseren Sichtwechsel für den Betrag von DM 35 480,00 der türkischen Bankfiliale in Frankfurt zusammen mit den gemäß dem Akkreditiv gewünschten Dokumenten übersandt, und zwar: ein kompletter Satz reiner, an Bord verschiffter Konnossemente, indossiert an Ihre Order; ein Original und

...

Kauforder *f*
purchase order; ordre d'achat; orden de compra

gemäß Ihren Anweisungen *f/pl.*
according to your instructions; selon vos instructions; según sus instrucciones

Aufschrift *f*
hier: are marked; inscription; inscripción

an Bord verschifft werden
to be shipped on board; être embarqué à bord; ser embarcado a bordo

Sichtwechsel *m*
sight draft; lettre de change à vue; letra de cambio a la vista

kompletter Satz reiner, an Bord verschiffter Konnossemente *n/pl.*
complete set of clean, shipped on-board bills of lading; jeu complet de connaissements nets à bord; juego completo de conocimientos limpios, embarcados a bordo

indossiert an Ihre Order *f*
endorsed to your order; endossé à votre ordre; endosado a su orden

–2–

10 Kopien der Handelsrechnung; ein deutsches Ursprungszeugnis, das vom türkischen Konsulat in Düsseldorf legalisiert wurde; eine Packliste in 3facher Ausfertigung; das Versicherungszertifikat, ebenfalls in 3facher Ausfertigung.

Die türkische Bank hat den Betrag bezahlt.

Wir hoffen, dass die Ware in gutem Zustand bei Ihnen eintrifft, und sind sicher, dass Sie damit zufrieden sein werden. Wir freuen uns auf eine weitere gute Zusammenarbeit.

Mit freundlichen Grüßen

Ziemann & Bauer AG

ppa. ... i.V. ...

Handelsrechnung *f*
commercial invoice; facture commerciale; factura comercial

Ursprungszeugnis *n*
certificate of origin; certificat d'origine; certificado de origen

legalisieren
to legalise; légaliser; legalizar

Packliste *f*
packing list; liste d'emballage; lista de embalaje

Versicherungszertifikat *n*
insurance certificate; certificat d'assurance; certificado de seguro

Übersendung der Rechnung und Versandavis

28

Sending of the invoice and advice of dispatch · Envoi de la facture et avis d'expédition · Envío de la factura y aviso de expedición

➡ Briefe 17, 19

Schneider Wärmemesser GmbH
Postfach 20 30 44 · 10245 Berlin

Fabbrica Bonaretti S.p.A.
Casella postale 230190
I-84015 Nocera Superiore (Salerno)

Berlin, 25.09.19..

Ihr Auftrag vom 13.09.19..

Sehr geehrter Herr Bonaretti,

vielen Dank für Ihren o. a. Auftrag über 2000 Mikrowärmemesser 20 P 3000, den wir sofort an unser Lager weitergeleitet haben.

Die Mikrowärmemesser sind gestern per LKW nach Italien versandt worden und werden voraussichtlich in 2–3 Tagen bei Ihnen ankommen.

Als Anlage erhalten Sie unsere Rechnung Nr. 95603 T über DM 25 400,00, die alle Transportkosten beinhaltet. Wir bitten Sie, den Betrag wie bisher durch Banküberweisung innerhalb von 30 Tagen abzüglich 3% Skonto zu begleichen.

Wir wünschen Ihnen einen guten Empfang der Ware und stehen Ihnen für weitere Lieferungen gern zur Verfügung.

Mit freundlichen Grüßen

i. A. ...

Peter Lauterbach
Verkaufsleiter

Anlage
1 Rechnung (2fach)

Mikrowärmemesser *m*
microradiometer; microradiomètre; microradiómetro

an das Lager weiterleiten
to pass on to the warehouse; faire suivre à l'entrepôt; reexpedir al almacén

Transportkosten *pl.*
transport costs; frais de transport; gastos de transporte

durch Banküberweisung *f*
by banker's transfer; par virement bancaire; por giro bancario/por transferencia bancaria

einen guten Empfang der Ware wünschen
trust the goods will arrive safely; souhaiter une bonne réception de la marchandise; desear una buena recepción de la mercancía

29 Antwort auf Beschwerde

Reply to complaint · Réponse à plainte · Respuesta a reclamación

➜ Brief 8

Gérard & Fils S.A.

39, avenue de la Seine · 58200 Nevers

Kreutzer GmbH
z. H. Herrn Kreutzer jun.
Blumenaustr. 410

53179 Bonn
ALLEMAGNE

Ihr Schreiben vom 22. Oktober 19..
Ihre Ref.: Kr/ah
Unsere Ref.: GD/mms

Nevers, 30. Oktober 19..

Beschädigte Kiste Reblochon
Unsere Lieferung vom 21.10.19..

Sehr geehrter Herr Kreutzer,

wie bereits telefonisch mit Ihnen vorige Woche besprochen, haben wir Ihnen sofort am 26. Oktober eine Kiste Reblochon nachgeschickt, die hoffentlich inzwischen gut bei Ihnen angekommen ist.

Wir haben mit unserem Spediteur gesprochen, der die Angelegenheit seiner Versicherung übergeben hat. Wir haben auch das Foto, das Sie uns zusandten, an ihn weitergeleitet. Aus diesem Grunde halten wir es nicht mehr für erforderlich, dass Sie die beschädigte Kiste weiter aufbewahren.

Wir bedauern die Angelegenheit, hoffen aber, dass Sie hiermit erledigt ist.

Mit freundlichen Grüßen

...

Patrick Gérard
Chef du service des ventes

zu Händen von
for the attention of; à l'attention de; a la atención de

beschädigte Kiste *f*
damaged case; caisse endommagée; caja averiada

nachschicken
hier: to forward another ...; réexpédier; reexpedir

Spediteur *m*
forwarding agent; agent de transport; agente de transportes, transportista

übergeben
to put in the hands of; remettre; entregar

aufbewahren
to keep, to deposit; garder (en stock); depositar (en almacén)

die Angelegenheit bedauern
to regret the incident; regretter l'incident; sentir/lamentar el incidente

Klärung einer Unstimmigkeit

30

Clarification of a discrepancy · Éclaircissement d'une divergence · Esclarecimiento de una divergencia

➜ Briefe 31, 32

Felix Wagenhofer Maschinenbau GmbH

Bachstraße 11
88045 Friedrichshafen

Frau
Maria de Lurdes Fontes Pereira
Fontes & Melo Ltda.
Rua de D. Afonso Henriques, 49
P-1300 Lisboa
PORTUGAL

Friedrichshafen, 15. Juli 19..

Ausgleich unseres vierteljährlichen Kontos bis 30. Juni 19..

Sehr geehrte Frau Pereira,

wir bestätigen den Erhalt Ihres vierteljährlichen Kontoauszugs, der einen Sollsaldo für uns in Höhe von DM 2 587,30 aufweist.

Nachdem wir jedoch Ihren Kontoauszug mit unseren Zahlen verglichen haben, stellen wir fest, dass eine Unstimmigkeit besteht. Nach unseren Unterlagen beträgt unser Sollsaldo lediglich DM 2 487,30. Wir haben die Rechnungen sorgfältig geprüft und konnten keine Unstimmigkeit in unseren Zahlungen feststellen. Wir bitten daher um Prüfung, ob es sich möglicherweise um ein Versehen Ihrerseits handelt.

Wir haben heute unsere Rechnungsabteilung angewiesen, Ihnen den Gegenwert von DM 2 487,30 in portugiesischen Escudos auf Ihr Konto bei der Banco Espírito Santo zu überweisen. Bitte überprüfen Sie nochmals Ihre Bücher und teilen Sie uns mit, ob Sie den Fehlbetrag von DM 100,00 gefunden haben und das Konto nunmehr ausgeglichen ist.

...

Ausgleich unseres vierteljährlichen Kontos
settlement of our quarterly account; règlement du compte trimestriel; liquidación de la cuenta trimestral

Kontoauszug *m*
statement of account; extrait de compte; extracto de cuenta

Sollsaldo *m*
debit balance; solde débiteur; saldo pasivo

vergleichen
to compare; comparer; comparar

sorgfältig prüfen
to scrutinise; examiner soigneusement; controlar escrupulosamente

ein Versehen Ihrerseits
an oversight on your part; une négligence de votre part; una inadvertencia de su parte

Rechnungsabteilung *f*
accounts department; service de comptabilité; servicio de contabilidad

Fehlbetrag *m*
missing amount; somme manquante; importe faltante, déficit

–2–

Wir hoffen auf baldige Klärung der Angelegenheit. Zu Ihrer Information fügen wir eine Kopie unseres letzten Kontoauszugs bei.

Mit freundlichen Grüßen

Felix Wagenhofer Maschinenbau GmbH

ppa. ... i.V. ...

F. Schmidt G. Antons

Anlage

Klärung *f* clarification; éclaircissement; aclaración, clarificación

Richtigstellung einer Unstimmigkeit

31

Correction of a discrepancy · Correction d'une irrégularité · Corrección de una divergencia

➔ Briefe 30, 32

TELEFAX

an: Felix Wagenhofer Maschinenbau GmbH
Fax: ++44/7541/3371096

von: Fontes & Melo Ltda.
Fax: ++35/1/5937590

Datum: 22. Juli 19..

Ihr Schreiben vom 15.07.19..
Vierteljährlicher Kontoauszug zum 30.06.19..

Sehr geehrter Herr Antons,

in Beantwortung Ihres o. a. Schreibens teile ich Ihnen mit, dass der Fehler offensichtlich doch bei Ihnen liegt. Wie ich anhand Ihres Kontoauszuges feststellen konnte, haben Sie am 3. Mai dieses Jahres eine Buchung zu Ihren Lasten von DM 1950,00 vorgenommen, die eine Lieferung von uns vom 26. April dieses Jahres betraf. Diese Lieferung belief sich aber auf DM 2050,00, wie aus unserer Rechnung Nr. 226 vom 27. April dieses Jahres hervorgeht.

Ich glaube, hier den Fehlbetrag von DM 100,00 gefunden zu haben. Bitte prüfen Sie nochmals diese Position in Ihren Unterlagen und lassen Sie mich kurz wissen, ob Sie zu dem gleichen Ergebnis gelangt sind wie ich.

Die Überweisung haben wir zwischenzeitlich erhalten und bedanken uns dafür. Ich schlage vor, dass Sie uns für den Fehlbetrag von DM 100,00 eine Gutschrift senden, die wir dann bei unserem nächsten Kontoausgleich verrechnen können.

Mit freundlichen Grüßen

...

Fontes Pereira
Chefe do Serviço das Vendas

vierteljährlicher Kontoauszug
quarterly statement of account; extrait de compte trimestriel; extracto de cuenta trimestrial

Fehler *m*
mistake; erreur; error

offensichtlich
obviously; apparemment; aparentemente

eine Buchung *f* **zu Ihren Lasten**
a credit in our favour; une écriture à votre charge; un asiento a su cargo

Fehlbetrag *m*
missing amount; somme manquante; importe faltante/de menos

Position *f*
item; poste, article; partida

Gutschrift *f*
credit note; avis de crédit; nota de crédito/abono

Kontoausgleich *m*
settlement of account; règlement du compte; liquidación de la cuenta

32 Übersendung einer Gutschrift

Sending a credit note · Envoi d'un avis de crédit · Envío de una nota de crédito

➡ Briefe 30, 31

Felix Wagenhofer Maschinenbau GmbH

Bachstraße 11
88045 Friedrichshafen

Frau
Maria de Lurdes Fontes Pereira
Fontes & Melo Ltda.
Rua de D. Afonso Henriques, 49
P-1300 Lisboa
PORTUGAL

Friedrichshafen, 24. Juli 19..

Ausgleich unseres vierteljährlichen Kontos bis 30. Juni 19..

Sehr geehrte Frau Pereira,

vielen Dank für Ihr Fax vom 22.07.19.. Wir haben die von Ihnen erwähnte Rechnung Nr. 226 vom 27. April dieses Jahres gefunden; sie weist tatsächlich den Betrag von DM 2050,00 auf. Durch ein Versehen in unserer Buchhaltung ist diese Position mit nur DM 1950,00 eingetragen worden.

Wir sind froh, dass Sie den Fehler so schnell gefunden haben, und bitten Sie, diesen zu entschuldigen.

Als Anlage erhalten Sie unsere Gutschriftsanzeige über DM 100,00. Wir werden sie in unserem nächsten vierteljährlichen Auszug selbstverständlich berücksichtigen.

Nochmals vielen Dank.

Mit freundlichen Grüßen

Felix Wagenhofer Maschinenbau GmbH

i.V. ...

G. Antons

Anlage
1 Gutschriftsanzeige

aufweisen
to show; montrer; mostrar

Versehen *n*
oversight; erreur; error

Buchhaltung *f*
accounts department; service de comptabilité; servicio de contabilidad

berücksichtigen
to take into consideration; tenir compte de; tomar en cuenta

Bestätigung der Eröffnung eines Kontos

33

Confirmation of the opening of an account · Confirmation concernant l'ouverture d'un compte · Confirmación sobre la apertura de una cuenta

Bank der Sparer AG
Schlossstraße 32 · 01662 Meißen

Herrn
Luís Rovira
Transits, 23
E-46002 Valencia
SPANIEN

Unsere Ref.:	Unser Zeichen:	Meißen,
S/3630	AB/QU	15.12.19..

Bestätigung Sparvertrag Kto. 214 333 040

Sehr geehrter Herr Rovira,

Sie beantragten die Eröffnung eines Sparkontos im Rahmen eines Sparvertrages zu Ihren Gunsten. Wir bestätigen hiermit die Eröffnung. Gläubiger der Spareinlage ist der Kontoinhaber. Das Sparkonto wird zu folgenden Bedingungen geführt:

Vertragsbeginn:	02.01.19..
Vertragsdauer:	3 Jahre
Einlage:	DM 15 000,00
Zinsen: 1. Jahr:	4,5 % p.a.
2. Jahr:	4,75 % p.a.
3. Jahr:	5,0 % p.a.

Für das Sparguthaben gilt eine Kündigungssperrfrist von 12 Monaten. Es kann anschließend mit einer Frist von 3 Monaten gekündigt werden. Zuzahlungen sind während der Laufzeit nicht möglich. Es wird ausdrücklich darauf hingewiesen, dass die derzeit geltenden Bedingungen für den Sparverkehr sowie die allgemeinen Geschäftsbedingungen der Bank Vertragsbestandteil sind. Die Bedingungen liegen/hängen in den Kassenräumen zur Einsichtnahme aus. Sofern Sie es wünschen, erhalten Sie ein Exemplar dieser Bedingungen.

Mit freundlichen Grüßen

Bank der Sparer AG

Sparvertrag *m*
deposit, savings account; compte d'épargne; cuenta de ahorro

Gläubiger *m*
creditor; créancier; acreedor

Spareinlage *f*
deposit; dépôt d'épargne; depósito de ahorros

Vertragsbeginn *m*
beginning of contract; entrée en vigueur du contrat; comienzo del contrato

Zinsen *m/pl.*
(rate of) interest; intérêts; intereses

Kündigungssperrfrist *f*
period during which notice is barred; période de blocage du compte; plazo de preaviso bloqueado

Zuzahlung *f*
additional payment; versement complémentaire; pago adicional

Vertragsbestandteil *m*
essential part of the contract; élément du contrat; parte integrante del contrato

Kassenraum *m*
counter hall; caisse; caja

34 Dividendengutschrift

Credit advice of dividends · Avis de crédit de dividendes · Abono de dividendos

Süd-Sparkasse
Am Wallgraben 11
70173 Stuttgart

Frau
Gerda Holtschmidt
In der Gasse 12

70173 Stuttgart

Unsere Ref.:	Unser Zeichen:	Stuttgart,
730850	AB/QU	05.07.19..

Dividendengutschrift und Steuerbescheinigung
Depotkonto 730850

Sehr geehrte Frau Holtschmidt,

hiermit schreiben wir Ihnen die Dividende für 01.01.19.. bis 31.12.19.. einschließlich 7,5% Solidaritätszuschlag für Ihre 20 Stück Auto AG Stammaktien (WP-Kennnr. 766400) auf Ihrem Girokonto 574368 wie folgt gut:

Dividende für 19..:	DM 220,00
anrechenbare Körperschaftssteuer:	DM 123,80
zu versteuern:	DM 343,80
einbehaltene Kapitalertragssteuer:	DM 55,00
einbehaltener Solidaritätszuschlag:	DM 4,13
gezahlter Betrag Valuta 05.07.19..:	DM 160,87

Wir weisen Sie darauf hin, dass Kapitalerträge der Einkommensteuerpflicht unterliegen. Gegen Vorlage dieser Steuerbescheinigung erfolgt die Anrechnung der Kapitalertrags- bzw. Körperschaftssteuer im

...

Solidaritätszuschlag *m*
solidarity charge; supplément de solidarité; suplemento de solidaridad

Stammaktie *f*
ordinary share; action ordinaire; acción ordinaria

Girokonto *n*
giro/current account; compte de virement; cuenta de giros, cuenta corriente

Körperschaftssteuer *f*
corporation tax; impôt sur les bénéfices des sociétés; impuesto sobre ingresos de sociedades

zu versteuern
to be taxed, taxable amount; imposable; sujeto a impuestos

Kapitalertragssteuer *f*
capital gains tax; impôt sur le revenu du capital; impuesto sobre la renta del capital

Valuta *f*
availability date; valeur en compte; valor

-2-

Rahmen Ihrer Einkommen- bzw. Körperschaftssteuerveranlagung. Die Anzeige ist daher sorgfältig aufzubewahren.

Die Gutschrift erfolgt vorbehaltlich des Eingangs des Gegenwertes. Einwendungen gegen diese Gutschriftanzeige müssen unverzüglich nach Zugang erhoben werden. Die Unterlassung rechtzeitiger Einwendungen gilt als Genehmigung.

Mit freundlichen Grüßen

Süd-Sparkasse
- Dividendenabteilung -

Steuerveranlagung *f*
tax assessment; établissement de l'assiette de l'impôt; tasasión de los impuestos

vorbehaltlich
subject to; sous réserve de; bajo reserva de

Unterlassung *f* **rechtzeitiger Einwendungen**
failure to register non-acceptance in time; abstention d'opposition dans les délais; caso que omitan hacer objeciones a tiempo

als Genehmigung *f* **gelten**
to be considered as approval; être considéré comme approbation; ser considerado como aceptación

35 Depotauszug

Statement of securities account · Extrait du compte de titres · Extracto de cuenta de valores

West Bank AG
Islandufer 66
42103 Wuppertal

Herrn
Jacques Couturier
180, rue de Miromesnil
75008 Paris
FRANKREICH

Unsere Ref.:	Unser Zeichen:	Wuppertal,
Depot	AB/QU	05.01.19..

Depotauszug für Ihr Depotkonto 199522838

Sehr geehrter Herr Couturier,

Sie erhalten hiermit eine Aufstellung Ihrer bei uns verbuchten Depotwerte per 31.12.19... Wir bitten Sie, die Aufstellung zu prüfen. Gemäß unseren allgemeinen Geschäftsbedingungen gilt diese Aufstellung als anerkannt, wenn Sie nicht innerhalb einer Ausschlussfrist von 4 Wochen seit Zugang schriftliche Einwendungen vorgebracht haben. Falls die Depotaufstellung zu beanstanden ist, benachrichtigen Sie bitte unsere Revisionsabteilung.

Kennnummer	Nennwert	Bezeichnung	Kurs	Kurswert in DM
113481	20 000,00	9 % Bundesanleihe	119,97	23 994,00
479240	100 000,00	6,5 % Midland Finanzierungsschätze	102,00	102 000,00
114097	2 000,00	8,5 % Bundesobligationen	108,78	2 175,60

...

allgemeine Geschäftsbedingungen *f/pl.*
general terms of business; conditions générales d'affaires; condiciones generales bancarias

Ausschlussfrist *f*
time limit; délai de prescription; plazo de exclusión

schriftliche Einwendungen *f/pl.*
objections in writing; objections par écrit; objeciones por escrito

Revisionsabteilung *f*
auditing department; service de contrôle; sección de revisión

Kennnummer *f*
reference number; numéro de référence; número de referencia

Nennwert *m*
nominal value; valeur nominale; valor nominal

Kurswert *m*
quotation; cote; valor cotizado, cotización

Bundesanleihe *f*
federal loan; emprunt fédéral; empréstito federal

Finanzierungsschätze *f/pl.*
financing bonds; bons de caisse; bonos del tesoro

Bundesobligation *f*
federal bond; obligation fédérale; obligación federal

Auf Wunsch können wir Ihnen noch nachträglich eine Erträgnisaufstellung des abgelaufenen Jahres zusenden. Dieser Depotauszug gilt bei Bedarf als Unterlage für das Finanzamt.

Mit freundlichen Grüßen

West Bank AG
- Depotabteilung -

i. A. ...

Aberle

Erträgnisaufstellung *f*
list of coupon and dividend payments; liste des coupons et du paiement de dividendes; lista de cupones y pago de divi dendos

36 Antrag auf Ausstellung einer Kreditkarte

Credit card application · Demande d'une carte de crédit · Solicitud de emisión de una tarjeta de crédito

Euro-Exportgesellschaft mbH

Mozartstraße 18 · 70173 Stuttgart

Kreditkarten AG
Heidelberger Str. 188

70173 Stuttgart

Stuttgart, 19.08.19..

Kreditkartenantrag für eine Gold-Card für Herrn Heise

Sehr geehrte Damen und Herren,

hiermit beantrage ich die Ausstellung einer Gold-Card als Hauptfirmenkarte für mich. Ich bin widerruflich damit einverstanden, dass alle im Zusammenhang mit der Kreditkarte von mir zu entrichtenden Beträge mittels Lastschrift von meinem Firmenkonto 1234578 bei der Exim Bank, Stuttgart, eingezogen werden.

Gleichzeitig ermächtige ich hiermit die Exim Bank, die zur Ausstellung und Benutzung der bestellten Kreditkarte erforderlichen Bankauskünfte zur Feststellung meiner Bonität zu erteilen.

Ferner willige ich ein, dass meine Bank der für meinen Wohnsitz zuständigen SCHUFA-Gesellschaft Daten über die Beantragung, den Abschluss und die Beendigung dieses Kreditvertrages übermittelt.

Meldungen an die SCHUFA erfolgen nur, soweit dies zur Wahrung des berechtigten Interesses des kontoführenden Institutes, eines SCHUFA-Vertragspartners oder der Allgemeinheit erforderlich ist und meine schutzwürdigen Belange nicht beeinträchtigt werden.

Die Karte senden Sie bitte an die o.g. Anschrift.

Mit freundlichen Grüßen

Euro-Exportgesellschaft mbH

...

Peter Heise

mittels Lastschrift vom Firmenkonto einziehen
to debit the company account; porter au débit du compte de la société; efectuar los cobros debitando la cuenta de la sociedad

Bankauskünfte *f/pl.*
bank reference; renseignements bancaires; referencias bancarias

Bonität *f*
creditworthiness, credit status; solvabilité; solvencia

Wahrung *f* **von Interessen**
to safeguard the interests; sauvegarde d'intérêts; salvaguardia de intereses

Vertragspartner *m*
contracting partner; partie contractante; parte contratante

Allgemeinheit *f*
general public; le public, la collectivité; público en general

schutzwürdige Belange *m/pl.* **beeinträchtigen**
to prejudice matters meriting protection; porter préjudice à des intérêts légitimes; perjudicar asuntos que merecen protección

Inkassoauftrag

Collection order · Mandat d'encaissement · Orden de cobro

Bayernbank AG

Hohenzollernstraße 30-32 · 80797 München

Ungarische Außenhandelsbank
Szabadsag Ter 8
1850 Budapest
UNGARN

München, 3. Oktober 19..

Sehr geehrte Damen und Herren,

als Anlage erhalten Sie die nachfolgenden Dokumente zum Inkasso:

Handelsrechnung	5/5
Spediteurübernahmebescheinigung	1/1
Ursprungszeugnis	1/1
Analysenzertifikat	1/1
Wechsel	1/1

Diese Dokumente beziehen sich auf eine Sendung von 15 Fässern Bitumen im Wert von DM 45 000,00, die am 21. Oktober 19.. von München nach Budapest versandt werden sollen. Die Waren werden vom Bezogenen entgegengenommen.

Bitte händigen Sie die Dokumente gegen Zahlung des Wechsels aus und veranlassen Sie die Überweisung des Betrages durch SWIFT oder, falls dies nicht möglich ist, per Luftpost.

Dieser Auftrag unterliegt den „Einheitlichen Richtlinien für Inkassi" (Neubearbeitung 1978) der Internationalen Handelskammer, Publikation Nr. 322.

Mit freundlichen Grüßen

Bayernbank AG

ppa. ... i.V. ...

Warming Hövel

Anlagen

Handelsrechnung *f*
commercial invoice; facture commerciale; factura comercial

Spediteurübernahmebescheinigung *f*
forwarder's receipt; accusé de prise en charge de l'agent de transport; certificado de recepción del agente de transportes /transportista

Ursprungszeugnis *n*
certificate of origin; certificat d'origine; certificado de origen

Analysenzertifikat *n*
certificate of analysis; certificat d'analyse; certificado de análisis

Wechsel *m*
bill of exchange (B/E); lettre de change; letra de cambio

die Überweisung *f* **veranlassen**
to arrange to be transferred; faire procéder au virement; ordenar la transferencia

Einheitliche Richtlinien *f/pl.* **für Inkassi** *n/pl.*
Uniform Rules for Collections; Règlement Uniforme pour l'Encaissement; Reglas Uniformes para el cobro

38 Richtigstellung eines Banküberweisungsauftrags

Correcting bank transfer instructions · Rectification d'un ordre de virement bancaire · Corrección de una orden de giro bancario

European Growth Fund
London

Deutsche Commerzbank AG
Neue Mainzer Str. 110
60311 Frankfurt (Main)
GERMANY

London, 10. Januar 19..

Unser Konto und Depot 397 126 480

Sehr geehrte Damen und Herren,

in obigem Depot befinden sich unter anderem DM 1 Million nominal der 6 % Weltbank-Anleihe, fällig 2. Januar 1998.

Die darauf am 2. Januar fällig gewordenen Zinsen in Höhe von DM 60.000,00 baten wir, gemäß dem Ihnen bereits vor Jahren erteilten Dauerauftrag, auf unser Konto bei der NatWest Bank, London, Nr. 3420 1200 zu überweisen.

Im letzten Jahr schickten wir Ihnen jedoch am 23.12.19.. per Fax einen Auftrag, diese DM 60.000,00 per 02.01.19.. ausnahmsweise an die Commercial Bank, London, statt an die NatWest Bank, London, zu überweisen.

Aufgrund des erteilten Dauerauftrags und des zusätzlichen Faxes ist die Überweisung von Ihnen bedauerlicherweise zweimal ausgeführt worden, sodass auf unserem o. g. Konto bei Ihnen zz. ein Sollsaldo von DM 60.000,00 verbucht ist.

Da wir bereits die NatWest Bank beauftragt haben, Ihnen die DM 60.000,00 zurückzuüberweisen, bitten

...

Depot *n*
deposit/portfolio account; dépôt; depósito

Weltbank-Anleihe *f*
World Bank loan; emprunt de la Banque Mondiale; empréstimo del Banco Mundial

Dauerauftrag *m*
standing order; ordre de virement permanent; orden permanente de domiciliación

ausnahmsweise
as an exception; à titre d'exception; por excepción

Sollsaldo *m*
debit balance; solde débiteur; saldo pasivo

–2–

wir Sie, uns andererseits für die Überziehung unseres Kontos, für die wir nicht verantwortlich waren, keine Sollzinsen zu berechnen.

Wir bitten Sie, uns dies nach Eingang der DM 60.000,00 entsprechend zu bestätigen und bedanken uns hierfür im Voraus.

Mit freundlichen Grüßen

...

Peter J. Norman

Accounts Manager

Kontoüberziehung *f* overdrawing of our account; découvert du compte; giro en descubierto
Sollzinsen *m/pl.* debit interest; intérêts débiteurs; intereses deudores

39 Börsenauftrag

Stock exchange order · Ordre de Bourse · Orden de Bolsa

Dagobert R. Rich
42, boulevard de la Princesse Caroline
Monaco

Investmentbank AG
Junghofstraße 90-102

60311 Frankfurt (Main)
ALLEMAGNE

Monaco, 26. Mai 19..

Mein Konto und Depot Nr. 23 09 87 60

Sehr geehrte Damen und Herren,

zulasten meines oben genannten Kontos bitte ich Sie, folgenden Börsenauftrag an die Börse Paris zu legen:

Kaufen/Règlement mensuel (monatliche Abrechnung)

Stück: 10.000 Aktien Elf Aquitaine
Limit: FF 380 pro Stück
Gültig: bis Ende Juli 19..

Verkaufen/Hors cote (Freiverkehr)

Stück: 5.000 parts (Anteile) Jardins de France S.A.
Limit: FF 75 pro Stück
Gültig: bis auf Widerruf

Bitte benachrichtigen Sie mich nach Ausführung dieser Order umgehend per Fax.

Mit freundlichen Grüßen

...

Dagobert R. Rich

folgenden Auftrag an die Börse legen
to place the following order with the Stock Exchange; placer l'ordre suivant à la Bourse; pasar la siguiente orden a la Bolsa

monatliche Abrechnung *f*
monthly settlement; règlement mensuel; pago / liquidación mensual

Limit *n*
limit; limite; límite

Freiverkehr *m*
over-the counter trade; vente hors cote; mercado extra-oficial

gültig
valid; valable; válido

Widerruf *m*
until further notice; contrordre; revocación

Antrag auf Eröffnung eines Akkreditivs

40

Application for the opening of a letter of credit · Demande d'ouverture d'un crédit documentaire · Solicitud para la apertura de un crédito

➔ Briefe 41, 45

Deutsche Handelsunion AG

Postfach 11 39 84 · 45143 Essen

Deutsche Auslandsbank AG
z. H. Herrn J. von Lech
Postfach 34 86 36

40545 Düsseldorf

Ihr Zeichen:	Unser Zeichen:	Essen,
	hf/pu 310	11. November 19..

Akkreditiveröffnung für einen Auftrag nach Indien

Sehr geehrter Herr von Lech,

wir bitten Sie, zulasten unseres Kto.-Nr. 45 092 043 ein unwiderrufliches und bestätigtes Akkreditiv zu folgenden Bedingungen zu eröffnen:

1. Akkreditivbetrag:
   Maximal DM 60.000,00. Teillieferungen sind erlaubt.
2. Begünstigter:
   Bangalore Commercial Corporation, 131 Residency Road, Bangalore 560060, Indien.
3. Korrespondenzbank:
   Kannataka Bank, P. O. Box 3040, Bangalore 560061, Indien.
4. Ware:
   Ca. 600 m² Granitfliesen der Größe 305 mm x 305 mm x 10 mm, Farbe: Paradiso. Preis pro m²: DM 90,00 CIF Hamburg, einschließlich Verpackung. Lieferung in Holzverschlägen, Verladung in einem 20' Open-Top-Container.
5. Gültigkeit:
   Bis zum 28.02.19.. in Düsseldorf

...

eröffnen
hier: to issue; ouvrir; abrir

Teillieferung *f*
partial delivery; livraison partielle; suministro parcial

Handelsrechnung *f*
commercial invoice; facture commerciale; factura comercial

Begünstigter *m*
beneficiary; bénéficiaire; beneficiario

Korrespondenzbank *f*
correspondent bank; banque confirmatrice; banco corresponsal

Granitfliese *f*
granite tile; carreau de pavage en granite; losa de granito

einschließlich Verpackung *f*
including packing; emballage compris; embalaje incluido

Holzverschlag *m*
wooden crate; caisse en bois; cajón de madera

Verladung *f*
loading; chargement; carga / expedición

Gültigkeit *f*
validity; validité; validez

-2-

6. Lieferzeit:
   Bis 31.01.19.. an Bord eines in Madras auslaufenden Konferenzschiffes.
7. Zahlung:
   Die Zahlung erfolgt nach Vorlage folgender Dokumente:
   - unterschriebene Handelsfaktura in 3facher Ausfertigung
   - Packliste, 3fach
   - Ursprungszeugnis, 3fach
   - Abnahmezertifikat der Abnahmeorganisation Bureau Veritas in Bangalore
   - Versicherungspolice oder Versicherungszertifikat über 110 %, ausweisend „Prämie bezahlt"
   - Voller Satz reiner „an Bord" Konnossemente, an unsere Order ausgestellt oder an Order ausgestellt und blanko indossiert, mit dem Vermerk: Fracht im Voraus bezahlt.

Die Dokumente sind innerhalb von 14 Tagen nach dem Verladedatum, jedoch innerhalb der Gültigkeitsdauer des Akkreditivs, vorzulegen.

Mit freundlichen Grüßen

Deutsche Handelsunion AG

ppa. ... i.V. ...

Konferenzschiff *n*
Sea Conference ship; bateau de conférence maritime; buque de Conferencia Marítima

Ursprungszeugnis *n*
certificate of origin; certificat d'origine; certificado de origen

Abnahmezertifikat *n*
inspection certificate; certificat d'inspection; certificado de inspección

Versicherungspolice *f*
insurance policy; police d'assurance; póliza de seguro

Versicherungszertifikat *n*
insurance certificate; certificat d'assurance; certificado de seguro

voller Satz *m* **reiner „an Bord" Konnossemente** *n/pl.*
full set of clean "on board" bills of loading; jeu complet de connaissements nets «reçus à bord»; juego completo de conocimientos limpios «a bordo»

ausgestellt an Order *f*
issued to the order; établi à ordre; extendido a orden

blanko indossiert
endorsed in blank; endossé en blanc; endosado en blanco

Fracht *f* **im Voraus bezahlt:**
freight prepaid; fret payé par avance; flete pagado por adelantado

Bestätigung über die Eröffnung eines Akkreditivs

41

Confirmation of the opening of an L/C · Confirmation de l'ouverture d'un crédit documentaire · Confirmación sobre la apertura de un crédito

➔ Briefe 40, 45

Deutsche Auslandsbank AG
Düsseldorf

Deutsche Handelsunion AG
z. H. Herrn Magerwein
Postfach 11 39 84

45143 Essen

Ihr Zeichen:	Ihr Schreiben vom:	Unser Zeichen:
hf/pu 310	11.11.19..	v/l 40 10

Düsseldorf, 20.11.19..

Eröffnung eines Akkreditivs für Indien

Sehr geehrter Herr Magerwein,

als Anlage erhalten Sie unser Formular für die Akkreditiveröffnung, das wir bereits für Sie ausgefüllt haben. Wir bitten Sie, das Formular noch zu unterschreiben und etwaige Angaben nachzutragen. Des Weiteren legen wir das Meldeformular Z1 zur AWV (Außenwirtschaftsverordnung) zur Unterschrift und Rückgabe bei. Die Weiterleitung dieses Formulars erfolgt durch uns.

Für dieses Akkreditiv gelten die „Einheitlichen Richtlinien und Gebräuche für Dokumentenakkreditive" der Internationalen Handelskammer in der jeweils gültigen Fassung, soweit nicht ausländisches Recht oder andere Usancen maßgebend sind.

Gleichzeitig mit der Auftragserteilung ermächtigen Sie uns unwiderruflich und unter Verzicht auf jegliche Einrede, den DM-Betrag von DM 60.000,00 – unter gleichzeitiger Verpfändung an die Bank – auf Ihrem Konto zur Sicherheit der Bank bis zur Abrechnung des Akkreditivs zu sperren.

...

Meldeformular *n*
declaration form; formulaire de déclaration; formulario de declaración

Einheitliche Richtlinien *f/pl.* **und Gebräuche** *m/pl.* **für Dokumentenakkreditive** *n/pl.*
Uniform Rules and Guidelines for Documentary Letters of Credit; Règles et usances uniformes relatives aux crédits documentaires; Reglas y Usos Uniformes para Créditos Documentarios

Internationale Handelskammer *f*
International Chamber of Commerce; Chambre de Commerce Internationale; Cámara de Comercio Internacional

ausländisches Recht *n*
foreign law; droit étranger; derecho extranjero

Verpfändung *f*
pledging; mise en gage; pignoración

einen Betrag sperren
to freeze an amount; bloquer le paiement d'un montant; congelar un importe

-2-

Sie erklären sich bereit, uns auf Anforderung und außer der Hauptsumme die übliche Provision, alle Spesen und Kosten zu zahlen, die uns aus der Durchführung dieses Auftrages erwachsen.

Solange Ihr Konto bei uns einen Debetsaldo aufweist, steht uns als Sicherheit das unbeschränkte Eigentums- und Verfügungsrecht an der unter diesem Akkreditiv zur Verladung gelangenden Ware bzw. an den Verladedokumenten zu. Etwaige Herausgabeansprüche gegen Dritte sind an uns abgetreten.

Darüber hinaus treten Sie uns alle Ihre Ansprüche gegenüber dem Versicherungsunternehmen aus der eingegangenen Versicherung zur Sicherung unserer Verpflichtungen aus dem Akkreditiv ab.

Sobald das Akkreditiv eröffnet worden ist, werden wir das Nötige veranlassen und die von Ihnen angegebene Kannataka Bank in Bangalore benachrichtigen.

Mit freundlichen Grüßen

i. A.

J. von Lech

Anlage

Spesen *f/pl.* expenses; frais; gastos

Debetsaldo *m* debit balance; solde débiteur; saldo deudor

unbeschränktes Eigentums- und Verfügungsrecht unlimited right of ownership and disposal; droit illimité de propriété et de disposition; derecho ilimitado de propiedad y de disposición

Verladedokumente *n/pl.* shipping documents; documents d'embarquement; documentos de embarque

Herausgabeansprüche *m/pl.* right to recovery; droits à la restitution; derechos de restitución

Sicherung *f* **der Verpflichtungen** *f/pl.* to safeguard our obligations; garantie des obligations; cobertura de las obligaciones

das Nötige veranlassen to undertake the necessary steps; faire le nécessaire; hacer lo necesario

Weiterleitung von Dokumenten durch avisierende Bank

42

Advising bank passes on documents · La banque notificatrice transmet les documents · Banco notificador envía documentos

Deutsch-Südamerikanische Bank
Hamburg

Banco Argentino Germánico
Av. Corrientes 301
1043 Buenos Aires
ARGENTINIEN

Hamburg, 15. Juni 19..

Auftrag 109 PR unseres Kunden Industrie-Anlagen GmbH, Bremen – Zahlung per Akkreditiv

Sehr geehrte Damen und Herren,

hiermit teilen wir Ihnen mit, dass wir von o. g. Kunden alle Dokumente, einschließlich des reinen Bordkonnossements, erhalten haben, und fügen diese nach Prüfung als Anlage bei.

Wir wären Ihnen dankbar, wenn Sie die Dokumente unverzüglich Ihrem argentinischen Kunden, der Comercial Argentina S. A. in Buenos Aires, aushändigen würden.

Wir erwarten nunmehr die Überweisung des Rechnungsbetrages in Höhe von DM 73 500,00 zuzüglich der Provision von 1½ %.

Mit freundlichen Grüßen

Deutsch-Südamerikanische Bank, Hamburg

i.V. ...

Hauser

Anlagen
1 reines Bordkonnossement (2fach)
1 Handelsrechnung (3fach)
1 Versicherungszertifikat (3fach)
1 Ursprungszeugnis
1 Qualitätszeugnis

Zahlung *f* **per Akkreditiv**
payment by letter of credit; paiement par crédit documentaire; pago por crédito documentario

reines Bordkonnossement *n*
clean on-board bill of lading (B/L); connaissement net à bord; conocimiento limpio a bordo

dem Kunden *m* **aushändigen**
to release to the customer; remettre au client; entregar al cliente

Überweisung *f*
transfer; virement; giro/transferencia

zuzüglich
plus; plus; más

Provision *f*
commission; commission; comisión

Versicherungszertifikat *n*
insurance certificate; certificat d'assurance; certificado de seguro

Ursprungszeugnis *n*
certificate of origin; certificat d'origine; certificado de origen

Qualitätszeugnis *n*
certificate of quality; certificat de qualité; certificado de calidad

43 Freistellungserklärung an die Bank

Deed of release addressed to the bank · Déclaration de libération adressée à la banque · Declaración de liberación dirigida al banco

➔ Brief 44

Brüggemann KG
Postfach 30692 · 44143 Dortmund

Deutsche Hansa Bank
Auslandsgeschäft
Postfach 34 09 81

22049 Hamburg

Dortmund, 20. Okt. 19..

Sehr geehrte Damen und Herren,

es handelt sich um die Freistellung von Waren, die an Ihre Adresse wie folgt versandt wurden:

Luftfrachtbrief Nr. 40 89
50.000 Ballen indonesische Baumwolle
Warenwert: DEM 24.350,00
Auftraggeber: Wibawa, Djakarta, Indonesien
Empfänger: Brüggemann KG, Dortmund.
Ware liegt bei Air Cargo GmbH, Düsseldorf.

Die o. a. Partie, die für uns bestimmt ist, ist bereits eingetroffen.

Die Freigabe der Ware und der entsprechenden Inkasso-/Akkreditivdokumente durch Sie ist gegen Zahlung bzw. Wechselakzeptierung vorzunehmen. Die entsprechenden Dokumente liegen jedoch noch nicht vor.

Da wir die Ware dringend benötigen, bitten wir bereits jetzt um Freistellung der Ware zu unserer Verfügung.

Wir beauftragen Sie ausdrücklich und unwiderruflich, bei Eintreffen der Dokumente zulasten unseres Kontos Zahlung vorzunehmen, und zwar:

...

Luftfrachtbrief *m*
air waybill; lettre de transport aérien; carta de porte aéreo

Warenwert *m*
value of the goods; valeur de la marchandise; valor de la mercancía

Inkassodokumente *n/pl.*
collection documents; documents d'encaissement; documentos en gestión de cobro

Wechselakzeptierung *f*
acceptance of draft (bill of exchange, B/E); acceptation d'une lettre de change; aceptación de una letra de cambio

unwiderruflich
irrevocable; irrévocable; irrevocable

zulasten unseres Kontos
debiting our account; au débit de notre compte; a cargo de nuestra cuenta

–2–

bei Akkreditiven:

gemäß den Ihnen zusammen mit den Dokumenten zugehenden Weisungen ungeachtet etwaiger Abweichungen zwischen den Dokumenten und den Bestimmungen des Akkreditivs und/oder Unstimmigkeiten innerhalb der Dokumente,

bei Inkassoaufträgen:

gemäß den Bedingungen des Inkassoauftrages, und zwar auch für den Fall, dass der geforderte Betrag den Wert der o. a. Partie übersteigt.

Für den Fall, dass die Ihnen zugehenden Weisungen Akzeptleistungen gegen Waren-/Dokumentenauslieferung vorsehen, verpflichten wir uns hiermit ausdrücklich und unwiderruflich, die uns vorgelegten Tratten innerhalb von 24 Stunden akzeptiert zurückzugeben.

Uns ist bekannt, dass wir Ihnen gegenüber Einwendungen gegen fristgemäße volle Zahlung bzw. Akzeptleistung nicht mehr erheben können, sobald die Freistellung durch Sie erfolgt ist.

Mit freundlichen Grüßen

...

Klaus Schäfer
Brüggemann KG

den Wert übersteigen
to exceed the value; excéder la valeur; exceder el valor
Weisungen *f/pl.*
instructions; instructions; instrucciones
sich verpflichten
to commit o.s.; s'engager à; comprometerse a
ausdrücklich
explicitly; expressément; explícitamente
Tratte *f*
draft; traite; giro

44 Freistellungsauftrag der Bank

Bankers' order for deed of release · Ordre de libération de la banque · Orden de liberación de la banca

➡ Brief 43

Deutsche Hansa Bank
Hamburg

Herrn
Jens Hüppe
Air Cargo GmbH
Aachener Platz

40223 Düsseldorf

Hamburg, 23. Oktober 19..

Freistellungsauftrag für Waren aus Indonesien

Sehr geehrter Herr Hüppe,

die nachstehend genannten Waren stellen wir an den Empfänger frei und verpflichten uns unwiderruflich, bei Vorlage der Inkassodokumente Zahlung zu leisten.

Warensendung von:	Djakarta, Indonesien
Warenbeschreibung:	Indonesische Baumwolle
Warenwert:	DEM 24.350,00
AWB (Luftfrachtbrief):	Nr. 40 89
Empfänger:	Fa. Brüggemann KG, Dortmund

Mit freundlichen Grüßen

...

Sabine Quandt
Dokumenteninkasso-Abteilung
Deutsche Hansa Bank

an den Empfänger freistellen
to release to the consignee; mettre à la disposition du destinataire; poner a la disposición del destinatario

bei Vorlage der Inkassodokumente *n/pl.*
on presentation of the collection documents; sur présentation des documents d'encaissement; a la presentación de los documentos para el cobro

Zahlung *f* **leisten**
to effect payment; effectuer le paiement; efectuar el pago

Warenbeschreibung *f*
description of the goods; description de la marchandise; descripción de la mercancía

Unstimmigkeiten in den Dokumenten

Discrepancies in the documentation · Non-conformité des documents · Discrepancias en los documentos

45

➡ Briefe 40, 41

Deutsche Handelsunion AG
Postfach 11 39 84

45143 Essen

Düsseldorf, 25.02.19..

Dokumenten-akkreditiv: 252/9599 über DM 60.000,00
Begünstigter: Bangalore Commercial Corp.
Gültigkeit: 28.02.19.. in Düsseldorf

Sehr geehrter Herr Müller,

zu oben genanntem Akkreditiv wurden uns Dokumente über den vollen Akkreditivbetrag in Höhe von DM 60000,00 vorgelegt. Bei Prüfung der Dokumente stellten wir folgende Abweichungen fest:

- verspätete Verschiffung
- Verschiffung von Bombay anstatt von Madras
- das Konnossement trägt keinen An-Bord-Vermerk
- ein Original-Konnossement fehlt, Zweitpostdokumente sind nicht avisiert
- die Versicherungspolice ist nur über 100 % des Warenwertes

Bitte teilen Sie uns umgehend mit, ob Sie die Dokumente trotz der vorgenannten Abweichungen aufnehmen.

Sollten Sie die Dokumente aufnehmen, senden Sie uns bitte einen schriftlichen Einlösungsauftrag zu. Den Dokumentengegenwert zuzüglich Gebühren und Spesen werden wir dann Ihrem Geschäftskonto 45902043 belasten. Die Dokumente werden wir Ihnen per Kurier zukommen lassen.

Mit freundlichen Grüßen

Deutsche Auslandsbank AG
- Auslandsabteilung -

... ...

Lech Klever

Begünstigter *m*
beneficiary; bénéficiaire; beneficiario

Gültigkeit *f*
validity; validité; validez

An-Bord-Vermerk *m*
onboard endorsement; mention «à bord»; anotación «a bordo»

Versicherungspolice *f*
insurance policy; police d'assurance; póliza de seguro

die Dokumente *n/pl.* **aufnehmen**
to accept the documents; accepter les documents; aceptar los documentos

Einlösungsauftrag *m*
payment order; ordre de paiement; orden de reembolso

Dokumentengegenwert *m*
currency equivalent of documents; contrevaleur des documents; contravalor de los documentos

Gebühren *f/pl.* **und Spesen** *pl.*
fees and expenses; taxes et frais; derechos y gastos

dem Geschäftskonto *n* **belasten**
to debit to the business account; débiter le compte commercial; debitar en la cuenta comercial

46 Anfrage nach Frachtsätzen

Enquiry about freight rates · Demande concernant les taux de fret · Demanda de gastos de flete

➔ Briefe 47, 48

Deutsche Ziegelbau GmbH

Sonnenweg 20-26 · 51061 Köln

Wolfgang Uhland
Schifffahrt-Spedition GmbH
Deichstraße 130

20459 Hamburg

Köln, 30. November 19..

Transport von Ziegelsteinen von Hamburg nach Tunis

Sehr geehrte Damen und Herren,

bitte teilen Sie uns Ihre beste Frachtrate für den Transport von 50 Tonnen auf Paletten gepackte Hausziegelsteine mit, Nettogewicht 1 Tonne pro Einheit. Die Ware soll in den ersten beiden Januarwochen von Hamburg nach Tunis verschifft werden.

Bitte basieren Sie Ihre Kosten auf einer Lieferung FOB Hamburg, und teilen Sie uns auch Ihre Vermittlungsprovision mit.

Mit freundlichen Grüßen

DEUTSCHE ZIEGELBAU GMBH

ppa. ... i.V. ...

Schafflinger Post

Ziegelstein *m*
brick; brique; ladrillo

auf Paletten gepackte Hausziegelsteine *m/pl.*
palletised building bricks; briques sur palettes pour la construction de maisons; ladrillos sobre paletas para la construcción de casas

Nettogewicht *n*
net weight; poids net; peso neto

pro Einheit *f*
per unit; par unité; por unidad

Kosten *pl.* **auf etwas basieren**
to base costs on s.th.; baser les frais sur qc; basar los costos en algo

Lieferung *f* **FOB Hamburg**
delivery FOB Hamburg; livraison FOB Hambourg; entrega FOB Hamburgo

Vermittlungsprovision *f*
commission; commission; comisión

Frachtangebot

Freight offer · Offre de fret · Oferta de flete

➜ Briefe 46, 48

Wolfgang Uhland
Schifffahrt-Spedition GmbH
Deichstraße 130 · 20459 Hamburg

Deutsche Ziegelbau GmbH
Sonnenweg 20 - 26

51061 Köln

Hamburg, 5. Dezember 19..

Transport von Ziegelsteinen nach Tunis
Ihr Schreiben vom 30.11.19..

Sehr geehrter Herr Post,

vielen Dank für Ihre Anfrage bezüglich des Transports von 50 Tonnen auf Paletten gepackte Hausziegelsteine. Wir bieten Ihnen wie folgt an:

> SS „Mongrovia" zu DM 200,00 pro metrische Tonne oder 10 Kubikmeter, nach Option der Reederei, mit 4 Liegetagen

Wie Sie aus dem beigefügten Schiffsfahrplan ersehen, liegt die SS „Mongrovia" zurzeit in Marseille vor Anker und wird voraussichtlich am 27. Dezember in Hamburg sein. Die Ladezeit kann somit am 2. Januar beginnen. Für Überliegezeit müsste eine Gebühr von DM 1000,00 pro Tag gezahlt werden.

Wenn Sie dieses Angebot annehmen, schicken Sie uns bitte die Charterpartie in vierfacher Ausfertigung, damit wir von hier aus dem Schiffskapitän die notwendigen Anweisungen geben können.

Wir freuen uns auf Ihren Auftrag.

Mit freundlichen Grüßen

Schifffahrt-Spedition GmbH

...
W. Uhland

Anlage
Schiffsfahrplan

pro metrische Tonne *f*
per metric tonne; par tonne métrique; por tonelada métrica

nach Option der Reederei *f*
by steamer's option; selon l'option de l'armateur; por opción del armador

Liegetag *m*
lay day; jour de planche; día de estadía

Schiffsfahrplan *m*
sailing schedule; horaire du bateau; horario del vapor

vor Anker liegen
to be anchored; être à l'ancre; estar anclado

Ladezeit *f*
loading time; période de chargement; periodo de carga

Überliegezeit *f*
demurrage; surestarie; sobrestadías

Charterpartie *f*
charter party; contrat d'affrètement; póliza de fletamento

Schiffskapitän *m*
captain of the ship; capitaine du navire; capitán del buque

Anweisungen *f/pl.* **geben**
to give instructions; donner des instructions; dar instrucciones

48 Annahme des Frachtangebots

Acceptance of freight offer · Acceptation de l'offre de fret · Aceptación de la oferta de flete

➡ Briefe 46, 47

Deutsche Ziegelbau GmbH
Sonnenweg 20-26 · 51061 Köln

Wolfgang Uhland
Schifffahrt-Spedition GmbH
Deichstraße 130

20459 Hamburg

Köln, 10. Dezember 19..

Unser Frachtauftrag Nr. 2013
Ihr Angebot vom 5.12.19..

Sehr geehrter Herr Uhland,

hiermit erteilen wir Ihnen den Auftrag, die 50 Tonnen auf Paletten gepackte Hausziegelsteine mit der SS „Mongrovia", die laut Ihrem Schiffsfahrplan am 6. Januar von Hamburg nach Tunis ausläuft, zu verschiffen. Frachtpreis: DM 200,00 pro metrische Tonne oder 10 Kubikmeter, nach Option der Reederei, mit 4 Liegetagen.

Die Sendung Hausziegelsteine wird durch uns per Lkw nach Hamburg gebracht. Bitte teilen Sie uns mit, an welchem Dock die SS „Mongrovia" vor Anker gehen wird und wo die Ware zur Verladung angeliefert werden kann.

Die Charterpartie in vierfacher Ausfertigung erhalten Sie mit separater Post noch im Laufe dieser Woche.

Wir hoffen, dass die Verschiffung reibungslos vor sich gehen wird und die Ware pünktlich in Tunis ankommt. Sie wird dort von unserem Kunden, der Fa. Mathieu Frères, abgeholt.

Mit freundlichen Grüßen

DEUTSCHE ZIEGELBAU GMBH

ppa. ... i.V. ...

Schafflinger Post

Frachtauftrag *m*
shipping order; commande d'affrètement; pedido de carga

auslaufen *(Schiff)*
to sail; partir; partir

per LKW *m*
by lorry/truck; par camion; por camión

Dock *n*
dock; dock/cale; dársena

vor Anker gehen
to anchor; jeter l'ancre; anclar

zur Verladung *f* **anliefern**
to deliver for loading; livrer pour l'embarquement; suministrar para el embarque

mit separater Post *f*
by separate mail; par courrier séparé; por correo separado

reibungslos vor sich gehen
to proceed smoothly; avoir lieu sans difficultés; realizarse sin problemas

abholen
to collect; aller chercher; ir a recoger

Auftragsvergabe an Spediteur

49

Placing an order with a freight forwarder · Passation d'une commande à un agent de transport · Concesión de un pedido a un agente de transportes

Musikversand Schröder

Postfach 305847 · 40547 Düsseldorf

Mediterranean Container Services
Ellerman Lines plc
z. H. Ms Lilly Jones
12–20 Camomile Street
London EC3A 7EX
GROSSBRITANNIEN

Ihr Zeichen:	Ihre Nachricht:	Unser Zeichen:
		si/ra
		Düsseldorf,
		4. Aug. 19..

Verschiffung von elektrischen Gitarren in die USA

Sehr geehrte Frau Jones,

im Laufe der Woche erhalten Sie, wie mit Telefonat vom 2. dieses Monats avisiert, FOB Dover zwei Container mit elektrischen Gitarren und Verstärkern mit der Markierung „PHG 27/13", die auf dem 1. verfügbaren Schiff nach Boston/USA verschifft werden sollen.

Wir benötigen das Konnossement in dreifacher Ausfertigung und bitten Sie, alle drei Kopien nach Erstellung an uns zu schicken. Bitte teilen Sie uns auch den Namen des Schiffes mit, sobald Sie diesen erfahren.

Mit freundlichen Grüßen

MUSIKVERSAND SCHRÖDER

ppa. ... i.V. ...

Gratewohl Siebeling

elektrische Gitarre
electric guitar; guitare électrique; guitarra eléctrica

avisieren
to advise; aviser; avisar

Container *m*
container; conteneur; contenedor

Verstärker *m*
amplifier; amplificateur; amplificador

Markierung *f*
hier: marked; marquage; marcación

verfügbares Schiff *n*
available vessel; vapeur disponible; vapor disponible

Konnossement *n* **in dreifacher Ausfertigung** *f*
bill of lading (B/L) in triplicate; connaissement en triple exemplaire; conocimiento en triplicado

50 Spediteur fordert Versanddokumente an

Freight forwarder requests documents · L'agent de transport exige des documents · Agente de transporte exige documentos

➡ Brief 51

Bastos & Cía.

Casilla postal 3028 · Barranquilla Colombia

Reichswald & Gotthardt AG
Hagebuttenweg 12
01169 Dresden
ALEMANIA

Barranquilla, 5. März 19...

Zollabfertigung Ihrer Sendung für Escobar & Santamaría

Sehr geehrte Damen und Herren,

wir beziehen uns auf folgenden Versandauftrag:

Empfänger: Escobar & Santamaría
Calle 13, n° 153
Bogotá 1, D.E.
Kolumbien
Sendung: 50 Metallschränke für Werkzeuge
70 Sortiermetallschränke mit 37 Kästen
100 Metallkästen für Werkzeuge
50 Elektrobohrer CSB-550-RET
100 kabellose Schraubendreher 9018
Auftrag: Nr. 45083
Lieferung: 4. April 19.. per SS „Bremen"

Ihr Kunde, die Fa. Escobar & Santamaría, hat uns gebeten, die oben beschriebene Sendung am Hafen abzuholen, sie zu verzollen und den Weitertransport zu übernehmen. Wir bitten Sie daher um möglichst baldige Zusendung der Verschiffungsdokumente und einer Konsulatsfaktura in 4facher Ausfertigung sowie um die Ausfertigung einer Spediteurübernahmebescheinigung.

Mit freundlichen Grüßen

Bastos & Cía.

...

Juán Andrade

Zollabfertigung *f* customs clearance; dédouanement; despacho aduanero

Versandauftrag *m* shipping order; ordre d'expédition; pedido de expedición

Sortiermetallschrank *m* compartmentalised metal cupboard; armoire de triage en métal; armario clasificador metálico

kabelloser Schraubendreher cordless screw driver; tournevis sans câbles; atornilladores sin cables

Verschiffungsdokumente *n/pl.* shipping documents; documents d'embarquement; documentos de embarque

Konsulatsfaktura *f* consular invoice; facture consulaire; factura consular

Spediteurübernahmebescheinigung *f* forwarding agent's receipt; certificat de prise en charge de l'agent de transport; certificado de recepción del agente de transportes

Verschiffungsanzeige und Dokumentenversand

51

Advice of shipment and forwarding of documents · Avis d'embarquement et envoi de documents · Aviso del embarque y envío de documentos

➡ Brief 50

Escobar & Santamaría
Calle 13, n° 153
Bogotá 1, D. E.
COLOMBIA

Dresden, 4. April 19..

Auftrag Nr. 45083

Sehr geehrte Damen und Herren,

im Anschluss an unser Schreiben vom 5. März d. J. und in Beantwortung Ihres gestrigen Telex freuen wir uns Ihnen mitzuteilen, dass wir heute gemäß den festgelegten Bedingungen folgende Güter mit der „Bremen", die nach Barranquilla ausgelaufen ist, verschifft haben:

50 Metallschränke für Werkzeuge
70 Sortiermetallschränke mit 37 Kästen
100 Metallkästen für Werkzeuge
50 Elektrobohrer CSB-550-RET
100 kabellose Schraubendreher 9018

Die Verschiffungsdokumente und die Konsulatsfaktura haben wir bereits an Ihren Zollagenten in Barranquilla, die Fa. Bastos & Cía., gesandt.

Zur Deckung des Rechnungsgesamtbetrages in Höhe von DM 42 960,00 (in Worten: zweiundvierzigtausendneunhundertsechzig Deutsche Mark) haben wir auf Sie einen 30-Tage-Sichtwechsel an die Order der Banco Germánico de la América del Sur gezogen. Wir bitten Sie, diesen so bald wie möglich zu honorieren.

Wir wünschen Ihnen einen guten Empfang der Ware und stehen für weitere Aufträge stets zu Ihrer Verfügung.

Mit freundlichen Grüßen

REICHSWALD & GOTTHARDT AG

ppa. ... i.V. ...
Siebert Stenzel

gemäß den festgelegten Bedingungen *f/pl.*
in accordance with the conditions stipulated; selon les conditions fixées; de conformidad con las condiciones acordadas

Zollagent *m*
customs agent; agent en douane; agente de aduana, aduanero

Rechnungsgesamtbetrag *m*
total amount of invoice; montant total de la facture; importe total de la factura

30-Tage-Sichtwechsel *m*
30 days' sight draft; traite à 30 jours de vue; letra a 30 días vista

ziehen *(Wechsel)*
to draw; tirer; girar

honorieren
hier: to honour; honorer; honrar

52 Versicherung und Verschiffung, Verzollung

Insurance and shipping, customs clearance · Assurance et embarquement, dédouanement · Seguro y embarque, despacho aduanero

Société Misr de Filature

et de Tissage Fin
KAFR EL DAWAR A.R.E.
Egypte

Jürgen Olbrich GmbH
Postfach 3 49 10

86159 Augsburg
ALLEMAGNE

25. September 19..

Versicherungs- und Frachtanweisungen

Sehr geehrte Damen und Herren,

als Ergänzung zu unserem beigefügten Auftrag PR/TH/904, den Sie bitte schriftlich bestätigen wollen, weisen wir auf unsere Versicherungs- und Frachtvorschriften hin und bitten Sie, diese genauestens zu beachten.

1. Verschiffungsart

(a) Die Waren müssen im Laderaum des Schiffes transportiert werden.
(b) Der Transport hat in Schiffen zu erfolgen, die nicht älter als 20 Jahre sind und der Klausel des Institute of London Underwriters entsprechen.

2. Verschiffungsanweisungen

Alle Kisten sind mit S.M. zu markieren. Diesen Buchstaben folgt die Angabe der Nummer der Kiste. Die Kisten müssen fortlaufend nummeriert werden.

Sobald der Auftrag versandbereit ist, teilen Sie uns bitte per Fax den Namen des Schiffes mit, auf das die Waren verladen werden, sowie die Auftragsnummer der jeweiligen Sendung. Diese Information wird

...

Frachtanweisungen *f/pl.*
freight instructions; instructions de fret; instrucciones de flete

Laderaum *m*
hold; cale (à marchandise); bodega

der Klausel *f* **entsprechen**
to correspond to the clause; correspondre à la clause; corresponder a la cláusula

markieren
to mark; marquer; marcar

fortlaufend nummeriert sein
to be numbered consecutively; être numéroté consécutivement; estar numerado correlativamente

versandbereit
ready for dispatch; prêt à être expédié; listo para el envío

Sendung *f*
consignment; envoi; envío

-2-

uns helfen, die Waren bei Ankunft im Hafen schnell aufzufinden und ihre sofortige Verzollung zu ermöglichen.

3. Mitteilung von Einzelheiten an uns

Bitte veranlassen Sie, dass wir mindestens 24 Stunden vor dem Abfahrtsdatum des Schiffes alle notwendigen Einzelheiten über die Sendung zusammen mit folgender Information erhalten, damit wir rechtzeitig die notwendigen Versicherungsanweisungen erteilen können:
(a) Name des Schiffes
(b) Wert der versandten Waren
(c) Ladehafen

Bevor eine Sendung verschifft wird, deren Wert 30.000 ägyptische Pfund übersteigt, muss diese Information an uns telegrafisch erfolgen, sofern dies nicht per Fax möglich ist.

4. Fracht

„Vom Versandhafen bis Hafen Alexandria", zahlbar am Bestimmungsort, in ägyptischer Währung.

5. Verzollung

Um uns zu ermöglichen, die Ware zu verzollen, schicken Sie bitte die entsprechende Rechnung, die Packliste sowie alle weiteren zur Zollabfertigung benötigten Spezifikationen in 10facher Ausfertigung.

Bitte beachten Sie unsere Anweisungen genau, da wir durch deren exakte Befolgung Zeit und Arbeit sparen.

Mit freundlichen Grüßen

...

Anlage
Auftrag PR/TH/904

Abfahrtsdatum *n* **des Schiffes**
sailing date of the vessel; date de départ du navire; fecha de salida del buque

Ladehafen *m*
port of shipment; port d'embarquement; puerto de embarque

zahlbar am Bestimmungsort *m*
payable at destination; payable au lieu de destination; pagadero en el lugar de destino

Ware *f* **verzollen**
to clear goods through customs; dédouaner les marchandises; aduanar la mercancía

Packliste *f*
packing list; liste de colisage; lista de embalaje

in 10facher Ausfertigung *f*
10-fold; en 10 exemplaires; en 10 ejemplares

Zeit *f* **sparen**
to save time; épargner du temps; ahorrar tiempo

53 Bestellung eines Sachverständigen

Calling in an assessor · Désignation d'un expert assermenté · Nombramiento de un perito

NRW Frachtenkontor
Blumenstraße 23-27
44139 Dortmund

Balcombes Insurance Loss Assessor,
Surveyors and Valuers,
2 Paradise Row
London E2 4PB
GROSSBRITANNIEN

Dortmund, 16. November 19..

Fahrzeugschaden und Teilverlust der Ladung

Sehr geehrte Damen und Herren,

bitte stellen Sie die Kosten fest, die sich aus dem Schaden an unserem Fahrzeug DO-KA 385 und seiner Ladung (Kraftfahrzeugteile) ergeben haben, als es in einen Unfall mit einem entgegenkommenden Lkw am 12. Oktober 19.. auf der Zufahrtsstraße zu den Dover Eastern Docks verwickelt wurde, und erstellen Sie eine Expertise.

Das Fahrzeug sowie die verbleibenden Teile der Ladung wurden von folgender Firma geborgen:

Crowvale Haulage Ltd.
Commercial Vehicle Recovery Services
Silverdale House
Pump Lane
London W5 7UJ
Tel. 01 81/5 73/26 24

Dort können die Teile auch während der normalen Geschäftszeiten nach vorheriger Vereinbarung besichtigt werden.

...

Fahrzeugschaden *m*
damage to a vehicle; dégâts de véhicule; daño en un coche, siniestro

Teilverlust *m*
partial loss; perte partielle; pérdida parcial

Ladung *f*
load; charge; carga

sich ergeben aus
to result from; résulter de; resultar de

Unfall *m*
accident; accident; accidente

LKW *m*
truck, lorry; camion; camión

Zufahrtsstraße *f*
access road; route d'accès; vía de acceso

Expertise *f*
expert's report, expertise; expertise; dictamen pericial

bergen
to recover; récupérer; recuperar

Geschäftszeiten *f/pl.*
business hours; heures d'ouverture; horas de trabajo/laborables

nach vorheriger Vereinbarung *f*
by appointment; sur rendez-vous; según acuerdo precedente

–2–

Der zuständige Polizeiwachtmeister in Dover, Constable James Peterson, hat einen Unfallbericht erstellt. Die Unfallursache wird von Detective Constable Ralf Hayes untersucht.

Wir fügen noch ein Schreiben unserer Versicherungsgesellschaft bei, in welchem diese darum bittet, die aufgelisteten Punkte besonders zu berücksichtigen.

Bitte schicken Sie Ihre Expertise in dreifacher Ausfertigung an uns, damit wir so bald wie möglich unsere Schadensansprüche an die Versicherung stellen können.

Mit freundlichen Grüßen

...

Hartmann

Anlage

Unfallbericht *m*
report on the accident; compte-rendu d'accident; acta del accidente / siniestro

untersuchen
to investigate; examiner; examinar

Versicherungsgesellschaft *f*
insurance company; société d'assurance; compañía de seguros

in dreifacher Ausfertigung *f*
in triplicate; en 3 exemplaires; en triplicado, en 3 copias

Schadensansprüche *m/pl.* **stellen**
to claim damages; demander des dommages-intérêts; reclamar derechos a indemnización por daños y perjuicios

54 Ankündigung einer Qualitätskontrolle

Notification of a quality control · Notification d'un contrôle de qualité · Notificación de un control de calidad

METALS IMPORT PTY
MELBOURNE · AUSTRALIA

Stahlhandels AG
z. H. Herrn Blaßberg
Vogesenstraße 11-13

40549 Düsseldorf
DEUTSCHLAND

Melbourne, 3. Oktober 19..

Unser Auftrag 23478910-APS

Sehr geehrter Herr Blaßberg,

vielen Dank für Ihr Fax vom 25. September, in welchem Sie uns mitteilen, dass die Stahlbleche versandbereit sind und in ca. 14 Tagen verschifft werden sollen.

Wir hatten in unserem Akkreditiv festgelegt, dass die von uns geforderten Dokumente die Handelsfaktura, das Konnossement und Versicherungszertifikat für Verschiffung CIF Melbourne einschließen, ebenso wie einen Qualitätskontrollbericht. Mit der Qualitätskontrolle haben wir folgende Firma beauftragt, die sich mit Ihnen in Verbindung setzen wird:

SGS
Société Générale de Surveillance
Deutsches Büro Hamburg

Wir bitten Sie, den Bericht dieser Firma mit den anderen Dokumenten Ihrer Bank zwecks Weiterleitung an die avisierende Bank vorzulegen.

Wir danken im Voraus für Ihre Unterstützung.

Mit freundlichen Grüßen

...

John Thomas Rutherford
Import Manager

Stahlblech *n*
sheet steel; tôle d'acier; chapa de acero

versandbereit
ready for dispatch; prêt à être expédié; listo para el envío

verschifft werden
to be shipped; être embarqué; ser embarcado

Akkreditiv *n*
letter of credit, L/C; crédit documentaire; crédito documentario

Handelsfaktura *f*
commercial invoice; facture commerciale; factura comercial

Konnossement *n*
bill of lading, B/L; connaissement; conocimiento

Versicherungszertifikat *n*
insurance certificate; certificat d'assurance; certificado de seguro

sich in Verbindung setzen
to contact; se mettre en rapport; ponerse en contacto

avisierende Bank *f*
advising bank; banque notificatrice; banco avisador

Meldung eines Seeversicherungsschadens

Reporting marine insurance damage · Rapport d'un sinistre maritime · Notificación de un daño del seguro marítimo

➡ Brief 56

WENZEL & LEHMANN AG
Drosselgasse 18 · 38110 Braunschweig

STERN Seeversicherungen
Postfach 30054

20450 Hamburg

Braunschweig, 30. Oktober 19..

Schadensmeldung bezüglich unseres Auftrags Nr. 11204 an die Firma Costa in Bilbao, Spanien – Versicherungspolice Nr. 4810

Sehr geehrte Damen und Herren,

von unserem spanischen Kunden, der Fa. Costa aus Bilbao, erhielten wir eine Schadensmeldung bezüglich einer Sendung, die aus 70 Kisten Elektromaterial bestand. Sie haben diese Sendung seinerzeit mit Police Nr. 4810 gegen Seeschäden versichert.

Wie aus dem Havariezertifikat hervorgeht, kam die Sendung stark beschädigt in Bilbao an. Der Gutachter führt die Beschädigung auf unsachgemäße Verstauung der einzelnen Kisten zurück.

Wir fügen folgende Unterlagen bei:

Havariezertifikat des Gutachters
Kopie unserer Versicherungspolice
Rechnung der Befrachter
Kopie des Konnossements

Wir bitten Sie um baldige Schadensregulierung und um Rückgabe der Dokumente, sobald Sie diese nicht mehr benötigen. Für eventuelle weitere Rückfragen stehen wir jederzeit gern zur Verfügung.

Mit freundlichen Grüßen

Anlagen

WENZEL & LEHMANN AG

ppa. ... i.V. ...

Flender Hirsch

Versicherungspolice *f*
insurance policy; police d'assurance; póliza de seguro

Elektromaterial *n*
electrical equipment; matériel électrique; material eléctrico

gegen Seeschäden *m/pl.* **versichern**
to insure for damage at sea; assurer contre avaries maritimes; asegurar contra averías marítimas

Havariezertifikat *n*
average certificate; certificat d'avarie; certificado de avería

Gutachter *m*
expert; expert, perito

unsachgemäße Verstauung *f*
improper stowing; arrimage inadéquat; estiba inadecuada

Befrachter *m*
charterer, freighter; affréteur; fletador

Schadensregulierung *f*
average adjustment; règlement du dommage; liquidación de los daños y perjuicios

56 Antwort der Versicherung

Insurance company's response · Réponse de la compagnie d'assurance · Respuesta de la compañía de seguros

➡ Brief 55

STERN Seeversicherungen
Postfach 30054 · 20450 Hamburg

Wenzel & Lehmann AG
Drosselgasse 18

38110 Braunschweig

Hamburg, 11. November 19..

Ihr Schreiben vom 30.10.19..
Schadensmeldung der Firma Costa, Bilbao

Sehr geehrter Herr Hirsch,

wir bestätigen den Eingang Ihres Schreibens und der Schadensmeldung bezüglich einer Sendung von 70 Kisten Elektromaterial.

Wie aus dem Havariezertifikat des Gutachters hervorgeht, ist ca. ein Drittel der Sendung noch verwendbar bzw. noch zu reparieren. Wir bitten Sie, einen Kostenvoranschlag über die Reparaturkosten einzureichen, damit wir im Rahmen der Schadensminimierung entscheiden können, ob eine Reparatur sinnvoll erscheint.

Nach Aussagen des Experten ist die mit Originalteilen reparierte Ware als neuwertig anzusehen.

Der eindeutig nicht reparable Schaden wird von uns in der nächsten Woche reguliert.

Mit freundlichen Grüßen

STERN Seeversicherungen

ppa. ... i.V. ...

Stenzel Diehm

Seeversicherung *f*
marine insurance; assurance maritime; seguro marítimo

Schadensmeldung *f*
report of damage; avis de sinistre; notificación de un siniestro

verwendbar sein
to be usable; être utilisable; ser utilizable

Kostenvoranschlag *m*
estimate of costs; devis; presupuesto

Reparaturkosten *pl.*
repair costs; coûts de réparation; gastos de reparación

Schadensminimierung *f*
minimization of costs; minimalisation du dommage; minimización de gastos

neuwertig
as good as new; comme neuf; como nuevo

reparabel
repairable; réparable; reparable

den Schaden regulieren
to provide compensation for the damage; régler le dommage; pagar el daño/siniestro

Erneuerung der Abschreibepolice

57

Renewal of floating policy · Renouvellement d'une police flottante · Renovación de una póliza flotante

Pacific Lloyd Public Limited Company
Lancaster LA4 T76

Stefan Maurer GmbH
Viktoriastr. 80

76133 Karlsruhe
GERMANY

Lancaster, 11. August 19..

Erneuerung unserer Abschreibepolice Nr. 3457390

Sehr geehrte Damen und Herren,

vielen Dank für Ihr Schreiben vom 10. August, in welchem Sie uns bitten, die Abschreibepolice zu erneuern, mit der Sie bei uns Verschiffungen von Edelhölzern nach Deutschland versichern.

Wir bestätigen hiermit, dass wir die Abschreibepolice Nr. 3457390 in einem Wert von DM 450 000,00 erneuern.

Mit freundlichen Grüßen

...

John A. Long
Commercial Policies Division

Edelholz *n*
precious wood; bois précieux; madera fina / preciosa

in einem Wert *m* **von**
to the value of; d'une valeur de; en un valor de

Abteilung *f*
hier: division; service; servicio

Handelspolice *f*
commercial policy; police commerciale; póliza comercial

58 Bitte um Abschluss einer Versicherung

Request for insurance cover · Demande de souscription d'une assurance · Petición de contratación de un seguro

PHG Australia Pty. Ltd.

88b North Creek Road · NSW 2099 Dee Why West
Australia

FORTUNA Versicherungen
Postfach 12 84
40548 Düsseldorf
Germany

5. Mai 19..

Versicherungsabschluss

Sehr geehrte Damen und Herren,

für eine Sendung optischer Instrumente, die wir von der Firma Schmahler & Grunder GmbH, Birkenweg 11, 17493 Greifswald, gekauft haben, benötigen wir eine Transportversicherung FOB Rotterdam bis Melbourne unter Einschluss aller Risiken gemäß der Institute Cargo Clauses Deckung A. Eine genaue Beschreibung der zu verschiffenden Güter liegt bei.

Die Geräte werden Ende Juni von der Firma Schmahler & Grunder GmbH FOB Rotterdam geliefert. Die Sendung soll an Bord der MS „Jackie" verschifft werden, die am 1. Juli von Rotterdam nach Melbourne ausläuft.

Schmahler & Grunder GmbH haben sich bereit erklärt, alle versicherungstechnischen Einzelheiten mit Ihnen zu klären. Sie haben uns auch Ihre Adresse angegeben. Die Kontaktperson ist Herr Richard Lederer, Kaufmännischer Leiter, Tel. +2 11/3 95 73-84. Herr Lederer ist auch ermächtigt, den Versicherungsvertrag mit Ihnen in unserem Namen und für unsere Rechnung abzuschließen.

Mit freundlichen Grüßen

Anlage

...

Jonathan E. Swift
Purchase Manager

Transportversicherung *f*
transport insurance; assurance de transport; seguro de transporte

unter Einschluss *m* **aller Risiken** *n/pl.*
including all risks; tous risques compris; incluidos todos los riesgos

Deckung *f* **A**
cover A; couverture A; cobertura A

versicherungstechnische Einzelheiten
details of the insurance; détails concernant l'assurance; detalles referentes al seguro

Kaufmännischer Leiter
commercial manager; directeur commercial; gerente comercial

Versicherungsvertrag *m*
insurance contract; contrat d'assurance; contrato de seguro

Reklamation wegen Schadens

Complaint about damage · Réclamation suite à un dommage · Reclamación por causa de un daño

➡ Briefe 60, 61, 62, 63

TELEFAX

an: Herrn Dieter Wallersteiner
Stütz & Hallerstätter AG
Fax: ++49/89/3204510

von: Budapesti Vegyi Müvek
Fax: ++36/1/6689

Datum: 25. Oktober 19..

Seiten (einschließlich dieser): 3

12565 kg Bitumen (15 Fässer)

Sehr geehrter Herr Wallersteiner,

gestern haben wir die angekündigte Sendung Bitumen erhalten, mussten jedoch zu unserem Bedauern feststellen, dass 3 der Fässer starke Beschädigungen aufweisen. Diese Fässer sind eingebeult, sodass ein Teil des Bitumens auslaufen konnte. Wir fügen Fotos der beschädigten Fässer sowie den Gutachterbericht unserer Versicherung bei.

Wir vermuten, dass der Schaden während des Transports aufgetreten ist, und bitten Sie um sofortigen Ersatz für die beschädigten Fässer, für uns frachtfrei und durch Sie versichert. Wir benötigen die neuen Fässer bis spätestens Mitte November, da wir dann die gesamte Sendung an unseren Kunden in Sibirien weiterschicken.

Da es sich um einen neuen Kunden handelt, legen wir größten Wert auf eine schnelle Abwicklung. Wir hoffen, dass die Sache bald geregelt werden kann.

Mit freundlichen Grüßen

...

G. Zold

Anlagen

ankündigen
hier: to promise; annoncer; anunciar
zu unserem Bedauern
to our regret, à notre regret; (muy) a pesar nuestro
starke Beschädigungen *f/pl.* **aufweisen**
to be seriously damaged; être sérieusement endommagé; estar muy dañado
eingebeult sein
to be dented; présenter des bosses; estar abollado
auslaufen
to leak; couler/fuir; derramarse
Gutachterbericht *m*
survey report; rapport de l'expert, dictamen del perito
Ersatz *m*
replacements; remplacement; reemplazo
frachtfrei
carriage paid; fret payé; porte pagado
schnelle Abwicklung *f*
hier: to be dealt with rapidly; règlement rapide; rápido trámite

60 Verweisung einer Beschwerde an den Spediteur

Referral of complaint to freight forwarder · Renvoi de la réclamation à l'agent de transport · Referencia de una reclamación al agente de transporte

➡ Briefe 59, 61, 62, 63

Stütz & Hallerstätter AG
Postfach 56 82 10 · 80796 München

Herrn G. Zold
Budapesti Vegyi Müvek
Budapest XII
Radnoti Miklos Utca 23
1367
UNGARN

München, 27. Oktober 19..

Sendung 15 Fässer Bitumen (12 565 kg)
Ihr Fax vom 25.10.19..

Sehr geehrte Damen und Herren,

wir bestätigen den Empfang Ihres Faxes, in welchem Sie uns über den Schaden und das Auslaufen des Bitumens im Falle der 3 Fässer benachrichtigen.

Wir verweisen jedoch darauf, dass gemäß der Spediteurübernahmebescheinigung alle 15 Fässer in einwandfreiem Zustand übernommen wurden. Der Schaden kann also nur während des Transits aufgetreten sein, als die Fässer sich in der Obhut der Eurofracht GmbH befanden, welche die Angelegenheit sicher ohne Komplikationen erledigen wird.

Sobald Sie die Frage der Haftung geklärt haben, werden wir die Ersatzlieferung veranlassen. Wir können jedoch auf Wunsch diese drei Fässer zunächst unfrei an Sie schicken, wenn Sie die Sendung, wie Sie schreiben, sofort benötigen. Bitte benachrichtigen Sie uns in diesem Fall umgehend per Fax.

Mit freundlichen Grüßen

Stütz & Hallerstätter AG

ppa. ... i.V. ...

Sudorf Wallersteiner

Schaden *m*
damage; dommage; daño

Auslaufen *n*
leakage; fuite; derrame

in einwandfreiem Zustand
in perfect condition; en parfaite condition; en estado perfecto

während des Transits
in transit; pendant le transit; en tránsito

sich in der Obhut *f* **von … befinden**
to be in the custody of; être sous la garde de; hallarse en la custodia de

erledigen
to settle; régler; arreglar

ohne Komplikationen *f/pl.*
without problems; sans complications; sin problemas

Haftung *f*
liability; responsabilité, responsabilidad

Ersatzlieferung *f*
replacement delivery; livraison de remplacement; envío de reemplazo

unfrei
carriage forward; port dû; porte debido

Beschwerde über Transportschaden

Complaint about damage in transit · Réclamation suite à un dommage de transport · Reclamación referente a daño durante el transporte

61

➔ Briefe 59, 60, 62, 63

BUDAPESTI VEGYI MÜVEK
Budapest

Eurofracht GmbH
Postfach 30 57

90461 Nürnberg
DEUTSCHLAND

Budapest, 2. November 19..

Sendung 15 Fässer Bitumen (12 565 kg)

Sehr geehrte Damen und Herren,

wir erhielten am 24. Oktober dieses Jahres die oben bezeichnete Sendung Bitumen-Fässer. Drei der Fässer wiesen bei Ankunft so starke Beschädigungen auf, dass ein Teil des Bitumens ausgelaufen ist.

Unser Lieferant, die Firma Stütz & Hallerstätter AG in München, lehnt jegliche Haftung ab, da die Spediteurübernahmebescheinigung den Zustand der Fässer als einwandfrei ausweist. Wir haben daher keine andere Wahl, als uns bezüglich der Schadensregelung an Sie zu wenden. Wir fügen eine Kopie des Gutachterberichts sowie Fotos der beschädigten Fässer bei.

Wir haben die Firma Stütz & Hallerstätter AG gebeten, uns sofort zunächst unfrei drei Ersatzfässer zu schicken, da wir diese für einen wichtigen Kunden benötigen. Wir haben sie gebeten, die Rechnung direkt an Sie weiterzuleiten.

Wir hoffen, dass die Angelegenheit bald zufriedenstellend geregelt werden kann.

Mit freundlichen Grüßen

Anlagen

BUDAPESTI VEGYI MÜVEK

...

G. Zold

bei Ankunft *f*
on arrival; à l'arrivée; al llegar, a la llegada

Lieferant *m*
supplier; fournisseur; suministrador

Haftung *f* **ablehnen**
to refuse liability; rejeter la responsabilité; rehusar la responsabilidad

einwandfrei
in perfect condition; en parfaite condition; en perfecto estado

Schadensregelung *f*
settlement of damage; règlement du dommage; arreglo del daño

Ersatzfaß *n*
replacement drum; tonneau en remplacement; barril de sustitución

die Rechnung *f* **weiterleiten**
to pass on the invoice; transmettre la facture; transmitir / pasar la factura

die Angelegenheit zufriedenstellend regeln
to settle the matter in a satisfactory way; régler l'affaire de façon satisfaisante; arreglar el asunto de un modo satisfactorio

62 Verweisung einer Beschwerde an den Versicherer

Referral of customer's complaint to insurance company · Renvoi d'une réclamation à l'assureur · Remisión de una reclamación al agente de seguro

➔ Briefe 59, 60, 61, 63

EUROFRACHT GMBH
Nürnberg

Budapesti Vegyi Müvek
z. H. Herrn Zold
Budapest XII
Radnoti Miklos Utca 23
1367
UNGARN

Nürnberg, 15. November 19..

Ihr Schreiben vom 2.11.19..
Sendung 15 Fässer Bitumen (12 565 kg)

Sehr geehrter Herr Zold,

wir bedanken uns für Ihr Schreiben vom 2. November, in dem Sie uns bitten, die von uns im Auftrag der Firma Stütz & Hallerstätter AG transportierten drei beschädigten Fässer Bitumen zu ersetzen.

Wir haben die Angelegenheit untersucht und nach Prüfung des Fahrtenbuches unseres Fahrers festgestellt, dass unser Fahrzeug in einen kleineren Unfall verwickelt war. Die Angelegenheit wird von unseren Rechtsanwälten bearbeitet und sollte in Kürze geregelt sein. Unsere Versicherung wird die Sache übernehmen.

Wir haben eine Kopie Ihres Schreibens mit den entsprechenden Unterlagen an unsere Versicherung, deren Adresse wir Ihnen nachstehend mitteilen, weitergeleitet:

Europa Star Versicherungs AG
Abteilung Kfz-Schäden
Waldaustraße 4
90441 Nürnberg

...

ersetzen
replace; remplacer; sustituir

die Angelegenheit untersuchen
to investigate the matter; examiner l'affaire; examinar el asunto

Fahrtenbuch *n*
hier: log; carnet de route; libro de ruta

feststellen
to state; constater; constatar

in einen Unfall verwickelt sein
to be involved in an accident; être impliqué dans un accident; estar mezclado en un accidente

Rechtsanwalt *m*
lawyer; avocat; abogado

eine Sache in Kürze *f* **regeln**
to settle a matter shortly; régler une affaire sous peu; arreglar un asunto dentro de poco

nachstehend
as follows; ci-dessous; como sigue

–2–

Unsere Police trägt die Nummer: 81479 PL 350.

Wir sind sicher, dass unsere Versicherung die Angelegenheit zügig bearbeiten wird.

Mit freundlichen Grüßen

EUROFRACHT GMBH

...

Jacqueline Rothenburg
Abteilung Transporte II

cc: Europa Star Versicherungs AG

Police *f*
policy; police; póliza

63 Schadensmeldung an Versicherung

Making an insurance claim · Avis de sinistre à une assurance · Aviso del daño al agente de seguro

➔ Briefe 59, 60, 61, 62

BUDAPESTI VEGYI MÜVEK
Budapest

Europa Star Versicherungs AG
Abteilung Transportschäden
Waldaustr. 4

90441 Nürnberg
DEUTSCHLAND

Budapest, 18. November 19..

Schaden an einer Sendung von 15 Fässern Bitumen
Transport durch Eurofracht GmbH, Nürnberg
Police Nr. 81479 PL 350

Sehr geehrte Damen und Herren,

am 24. Oktober 19.. erhielten wir die oben bezeichnete Sendung Bitumen-Fässer. Lieferant ist die Firma Stütz & Hallerstätter AG in München; die Sendung wurde von der Eurofracht GmbH, Nürnberg, transportiert. Da 3 der Fässer beschädigt waren, wandten wir uns an beide Firmen zwecks Schadensregulierung.

Wie die Eurofracht GmbH uns mit Schreiben vom 15.11.19.. mitteilte, hat sie unser Schreiben sowie die ihr übersandten Fotos und das Sachverständigengutachten an Sie weitergeleitet.

Wir hoffen nunmehr, dass Sie den Schaden sofort regulieren werden. Unser Lieferant hat uns zwar eine Ersatzlieferung zugesagt, doch gehen wir davon aus, dass wir diese gesondert bezahlen müssen. Sollte die Angelegenheit noch Folgekosten verursachen, müssten wir Sie hierfür haftbar machen.

Mit freundlichen Grüßen

BUDAPESTI VEGYI MÜVEK

...

G. Zold

sich wenden an
to turn to; s'adresser à; dirigirse a

Schadensregulierung *f*
settlement of claim; règlement du sinistre; liquidación de la reclamación

Ersatzlieferung *f*
replacement delivery; livraison de remplacement; envío de reposición

davon ausgehen
to presume; partir de la supposition que; ser de la opinión

gesondert bezahlen
to pay separately; payer séparément; pagar por separado

Folgekosten *pl.* **verursachen**
to give rise to any subsequent costs; causer des coûts subséquents; causar gastos consecutivos

haftbar machen
to make liable; rendre responsable; hacer responsable

Zahlung einer Zollstrafe

64

Payment of a customs fine · Paiement d'une amende douanière · Pago de multa aduanera

Michael Posten KG
Nettelhof 40 · 22609 Hamburg

Pedro Echevarría & Cía.
Manuel Avila Camacho, 67
11560 México, D. F.
MEXIKO

Hamburg, 24. Mai 19..

Sehr geehrte Damen und Herren,

mit Ihrem Schreiben vom 10. dieses Monats haben Sie uns mitgeteilt, dass Sie durch die Zollbehörden mit einer Zollstrafe sanktioniert worden sind, weil die Lieferung von feuerfesten Kacheln in der Zollrechnung nur mit dem Gewicht und nicht mit den Abmessungen in Quadratmetern angegeben war.

Es handelt sich tatsächlich um ein Versehen unseres Seespediteurs, dem wir die nötigen Einzelheiten schriftlich mitgeteilt hatten, da wir wussten, dass die Zollgebühren auf diese Kacheln nach Abmessungen und nicht nach Gewicht festgesetzt werden. Unser Spediteur hat dies offensichtlich außer Acht gelassen.

Um Ihnen den erlittenen Schaden zu ersetzen, haben wir unsere Bank angewiesen, Ihnen per SWIFT den infrage stehenden Betrag auf Ihr Konto Nr. 4029236 bei der Banco Industrial de México zu überweisen.

Wir hoffen, dass hiermit die Angelegenheit erledigt ist, und bedauern die Ihnen entstandenen Unannehmlichkeiten.

Mit freundlichen Grüßen

Michael Posten KG

ppa. ... i.V. ...

Schlegel Mertens

Zollbehörde *f*
customs authorities; administration des douanes; administración de aduanas

sanktioniert werden
to be sanctioned; être sanctionné; ser sancionado

feuerfeste Kachel
fireproof tile; carreau réfractaire; azulejo ignífugo

Zollrechnung *f*
customs invoice; facture douanière; factura consular

Gewicht *n*
weight; poids; peso

Abmessung *f*
dimension; dimension; dimensión

Versehen *n*
oversight; erreur, inadvertance; equivocación

Seespediteur *m*
shipping company; agent maritime; agente marítimo

Zollgebuhren *f/pl.*
customs duties; droits de douane; aranceles

der erlittene Schaden
the damage incurred; le dommage subi; la pérdida sufrida

Unannehmlichkeit *f*
inconvenience; désagrément; inconveniente

65 Beschwerde wegen unreiner Konnossemente

Complaint about unclean bills of lading · Réclamation concernant un connaissement non net · Reclamación por conocimientos defectuosos

Mariano López & Hijos

Plaza Viaga, 3
11408 Jerez de la Frontera (Cádiz)

Weidemann & Bachmeyer AG
Postfach 30 12 34

68161 Mannheim
ALEMANIA

Jerez de la Frontera, 04.09.19..

Sehr geehrte Damen und Herren,

wir haben soeben Ihr Schreiben vom 30.08.19.. bezüglich der Lieferung von 250 Spezial-Holzfässern für die Lagerung von Sherry erhalten, dem die Rechnung, Versicherungspolice und das Konnossement beilagen.

Bei näherer Durchsicht des Konnossements mussten wir zu unserem Erstaunen feststellen, dass dieses mit folgender Klausel versehen ist: „5 Fässer wurden vor der Verschiffung repariert." Dies ist uns deshalb außerordentlich unangenehm, weil wir die Ware bereits weiterverkauft haben, während sie sich noch auf See befand. Da unser Kunde es mit der Lieferung gewöhnlich sehr genau nimmt, sind wir fast sicher, dass er die 5 erwähnten Fässer beanstanden wird. Andererseits ist auch zu erwarten, dass die Versicherungsgesellschaft Einwände erheben wird, wenn das Konnossement sich als unrein herausstellt.

Da der Reeder verpflichtet war, reine Konnossemente vorzulegen, verstehen wir nicht, dass Sie ihm kein Revers als Garantie gegeben haben, wie es in diesen Fällen üblich ist.

...

Spezial-Holzfaß *n*
special wooden barrel; tonneau en bois spécial; barril especial de madera

Lagerung *f*
storage; entreposage; almacenaje

mit einer Klausel versehen sein
to be claused; présenter une clause; llevar una cláusula

es mit der Lieferung *f* **sehr genau nehmen**
to be very particular regarding the delivery; être très pointilleux quant à la livraison; ser muy meticuloso en cuanto a la entrega

beanstanden
to complain about; réclamer, se plaindre; quejarse de

Einwände *m/pl.* **erheben**
to raise objections; faire des objections; poner objeciones

reines Konnossement
clean bill of lading (B/L); connaissement net; conocimiento limpio

unreines Konnossement
unclean B/L; connaissement non net; conocimiento con cláusula/defectuoso

Revers *n*
letter of indemnity; lettre de garantie; carta de garantía

–2–

Wir bitten Sie, in Zukunft solche Zwischenfälle, die für alle Beteiligten äußerst unangenehm sind, zu vermeiden, da wir uns sonst außerstande sähen, Ihnen weitere Aufträge zu erteilen.

Mit freundlichen Grüßen

Mariano López & Hijos

...

Julián Adriano
Jefe de Compras

Anlage
Kopie des Konnossements

Zwischenfälle *m/pl.* **vermeiden**
to avoid an incident;
éviter un incident;
evitar un incidente

66 Einführung eines Vertreters

Introduction of an agent · Introduction d'un agent · Introducción de un agente

Europlast AG
Baubergerstraße 28 · 80977 München

Österreichische Kraftfahrzeug AG
z. H. Herrn Peter Schöttl
Postfach 45 03

A-4010 Linz

München, 23. Oktober 19..

Ernennung eines neuen Vertreters für Österreich

Sehr geehrter Herr Schöttl,

wir freuen uns Ihnen mitzuteilen, dass wir ab 1. Januar 19.. Herrn Arnold Klein zum neuen Vertreter für Österreich ernannt haben. Er hat seinen Wohnsitz in der Marktstraße 121 in Salzburg und wird Ihnen in Kürze einen Antrittsbesuch abstatten.

Der Beitritt Österreichs in die EU hat uns ermutigt, den österreichischen Raum als Exklusivvertretungsbereich zu vergeben.

Herr Klein hat lange Jahre in unserem Haus in München gearbeitet und kennt sowohl deutsche als auch österreichische Handelsbeziehungen sehr gut. Aufgrund seiner soliden kaufmännischen und technischen Ausbildung wird er auch in der Lage sein, Sie in diesbezüglichen Fragen zu beraten. Wir haben in absehbarer Zeit vor, in der Nähe von Salzburg ein eigenes Lager einzurichten, um sicherzustellen, dass auch der Kundendienst direkt und möglichst schnell abgewickelt werden kann.

Wir würden uns freuen, wenn Sie ab 1. Januar 19.. mit unserem Vertreter zusammenarbeiten würden. Für etwaige Fragen stehen wir Ihnen jedoch wie immer gern zur Verfügung.

Mit freundlichen Grüßen

...

Peter Wirt

Ernennung *f*
appointment; désignation; nombramiento

Vertreter *m*
agent; agent; agente

Wohnsitz *m*
residence; domicile; domicilio

Antrittsbesuch *m*
first visit; première visite; primera visita

Beitritt *m*
accession; entrée; acceso

Exklusivvertretungsbereich *m*
exclusive agency area; région de l'agence exclusive; región de la agencia exclusiva

in absehbarer Zeit vorhaben
to plan in the near future; avoir l'intention dans un proche avenir; tener el plan para el próximo futuro

Lager *n*
warehouse; magasin, dépôt; almacén, depósito

Kundendienst *m*
after-sales service; service après-vente; servicio posventa

Angebot einer Vertretung

Offer of an agency · Offre d'une agence · Oferta de una agencia

Peter Jonathan Inc.
2008 Danbury Road
Wilton, Connecticut (USA)

Simon Schultz KG
Postfach 23 49 20

40549 Düsseldorf
GERMANY

Wilton, 22. Oktober 19..

Sehr geehrte Damen und Herren,

wir sind ein bedeutender Hersteller einer neuartigen Kunststoff-Fußbodenplatte auf dem amerikanischen Markt. Kürzlich stellten wir dieses Produkt auch auf der internationalen Messe in Paris aus und hatten einen derartigen Erfolg, dass wir planen, in Europa ein Vertriebsnetz aufzubauen.

Vor einiger Zeit haben wir ein Marktforschungsinstitut damit beauftragt festzustellen, ob auch in Ihrem Gebiet für uns ein interessanter Absatzraum vorhanden ist. Das Ergebnis ist überaus positiv ausgefallen.

Wir sind nun daran interessiert, schwerpunktmäßig in Madrid, London und Düsseldorf einen Vertreter zu finden, der bereit wäre, an einer solch interessanten Aufgabe mitzuarbeiten.

Sie wurden uns von befreundeter Seite mit dem Hinweis empfohlen, dass Sie mit ähnlichen Artikeln gute Umsätze erzielen.

Wir bitten Sie uns mitzuteilen, ob Sie an der Übernahme der Vertretung unseres Hauses in Ihrem Land (mit späterer Erweiterung auf die Benelux-Länder) interessiert sind.

...

➜ Briefe 68, 69, 70

Kunststoff-Fußbodenplatte *f*
plastic floor tile; carreau en plastique; baldosa de plástico

internationale Messe
international fair; foire internationale; feria internacional

Vertriebsnetz *n*
distribution network; réseau de distribution; red de distribución

Marktforschungsinstitut *n*
market research institute; institut d'études de marché; instituto de estudios del mercado

Absatzraum *m*
sales area; zone / région de débouchés; área de venta

schwerpunktmäßig einen Vertreter in … suchen
to look for an agent based in …; chercher un représentant centré sur; buscar un agente concentrado en …

gute Umsätze *m/pl.* **erzielen**
to achieve good sales / a good turnover; réaliser un bon chiffre d'affaires; alcanzar una buena cifra de ventas

Wir würden es begrüßen, wenn die Vertretung in Düsseldorf möglichst bald die Arbeit aufnehmen könnte. Es würde uns daher freuen, bald eine Nachricht von Ihnen zu erhalten.

Zu Ihrer Information fügen wir einen Jahresbericht unseres Unternehmens bei.

Mit freundlichen Grüßen

...

Jeremy Jonathan
Sales Coordinator

Anlage

Jahresbericht *m*
annual report; rapport annuel; memoria anual

Bewerbung um eine Vertretung

Application for an agency · Demande de représentation · Solicitud de una agencia

➡ Briefe 67, 69, 70

Simon Schultz KG
Düsseldorf

Peter Jonathan Inc.
Attn. Mr Jeremy Jonathan
2008 Danbury Road
Wilton
Connecticut
USA

Düsseldorf, 2. November 19..

Übernahme einer Vertretung für Ihre Produkte

Sehr geehrter Herr Jonathan,

vielen Dank für Ihr Schreiben vom 22.10.19.., das ich mit großem Interesse gelesen habe.

Ich würde Ihre Vertretung gern übernehmen, möchte jedoch verständlicherweise mit Ihnen persönlich über alle Einzelfragen, wie zum Beispiel Gebiet, Provisionen, Kundenschutz usw., sprechen. Es wäre daher sicher empfehlenswert, wenn Sie mich anlässlich eines Besuches in Europa aufsuchen könnten. Natürlich wäre ich auch jederzeit bereit, Ihrer Firma einen Besuch abzustatten, wenn Sie für die Reisekosten aufkommen.

Ich füge eine Referenzliste der von mir betreuten Firmen bei. Außerdem darf ich Ihnen versichern, dass eine Betreuung der Benelux-Länder für mich kein Problem wäre, da ich regelmäßig Kunden in diesem Gebiet besuche.

Gern höre ich wieder von Ihnen.

Mit freundlichen Grüßen

...

Simon Schultz

Anlage

eine Vertretung übernehmen
to take on an agency; se charger de la représentation; encargarse de una agencia

Einzelfragen *f/pl.*
individual questions; questions particulières; cuestiones específicas

Gebiet *n*
territory; territoire; territorio

Provision *f*
commission; commission; comisión

Kundenschutz *m*
customer protection; protection du client; protección del cliente

Reisekosten *pl.*
travel expenses; frais de déplacement; gastos de viaje

Referenzliste *f*
list of references; liste de références; lista de referencias

betreuen
hier: to cover; avoir la charge; atender

Kunden *m/pl.* **besuchen**
to call on customers; rendre visite aux clients; visitar clientes

69 Einladung eines Vertreters

Inviting an agent for an interview · Invitation d'un agent · Invitación de un agente

➔ Briefe 67, 68, 70

TELEFAX

to: Simon Schultz KG, Düsseldorf
Fax: ++49/2 11/55 01 95

from: Peter Jonathan Inc., Connecticut
Fax: ++1/2 03/34 59 10 38

Date: 15. November 19..

Sehr geehrter Herr Schultz,

wir danken für Ihr Schreiben vom 2. November 19.. und würden uns sehr freuen, wenn Sie uns möglichst bald mitteilen könnten, wann Sie nach Connecticut kommen können. Wir sind gern bereit, Ihre Flug- und Unterbringungskosten zu übernehmen.

Es wäre wünschenswert, wenn Ihr Besuch noch vor Weihnachten und der Jahreswende stattfinden könnte.

Bringen Sie bitte alle Unterlagen mit, die es uns möglicherweise erleichtern, den Vertrag bald abzuschließen.

Besten Dank im Voraus für Ihre umgehende Rückmeldung per Fax.

Mit freundlichen Grüßen

...

Jeremy Jonathan

Kosten *pl.* **übernehmen**
to pay the costs; se charger des frais; hacerse cargo de los gastos

Flugkosten *pl.*
air fare; les coûts de vol; gastos de vuelo

Unterbringungskosten *pl.*
accommodation costs; frais de logement; gastos de hospedaje

wünschenswert
desirable; souhaitable; deseable

stattfinden
to take place; avoir lieu; tener lugar

erleichtern
to make it easier; faciliter; facilitar

einen Vertrag *m* **abschließen**
to conclude a contract; conclure un contrat; concluir un contrato

Vertretervertrag

Agency agreement · Contrat de représentation · Contrato de agencia

➡ Briefe 67, 68, 69

Verhandelt in Wilton, Connecticut am ...

Zwischen der Peter Jonathan Inc., im Folgenden „Incorporated" genannt, und Herrn Simon Schultz, deutscher Staatsangehöriger, mit Wohnsitz in Düsseldorf, Deutschland, Siegfriedstr. 11, Personalausweis Nr. ..., im Folgenden „Vertreter" genannt, wird folgender Vertretervertrag abgeschlossen:

1.
Der Vertreter übernimmt mit sofortiger Wirkung die Exklusivvertretung der von der Incorporated vertriebenen Produkte auf dem gesamten deutschen Markt. Es ist vorgesehen, bei Bewährung des Vertreters die Vertretung auf die Benelux-Länder auszuweiten.

2.
Der Vertreter erhält für seine Tätigkeit eine Bruttovergütung von 20000 Dollar jährlich (in Worten: zwanzigtausend US-Dollar). Hinzu kommt eine Provision von 3 % auf jedes verkaufte Produkt der Incorporated. Die Kosten für seine Tätigkeit muss der Vertreter – mit Ausnahme der in den folgenden Paragraphen aufgeführten Spesen – selbst übernehmen.

3.
Die Incorporated stellt dem Vertreter die für den Vertrieb der Produkte erforderlichen Werbemittel sowie Muster, Preislisten usw. kostenlos zur Verfügung. Eventuell für den Neudruck von Prospekten usw. anfallende Kosten werden von der Incorporated übernommen.

4.
Dieser Vertrag gilt vorläufig für die Dauer von zwei Jahren ab dem heutigen Tag und verlängert sich automatisch um ein weiteres Jahr, wenn er nicht von einer der Parteien mit dreimonatiger vorheriger Kündigungsfrist zum jeweiligen Jahresende gekündigt wird.

...

verhandelt in
negotiated in; négocié à; negociado en

Wohnsitz *m*
(place of) residence; domicile; domicilio

mit sofortiger Wirkung
effective immediately /as of now; avec effet immédiat; con efecto inmediato

Bewährung *f*
proof of efficiency; preuve de l'efficacité; prueba de eficiencia

Werbemittel *pl.*
advertising means; moyens publicitaires; medios publicitarios

Prospekt *m*
prospectus, leaflet, brochure; prospectus; prospecto, folleto

ab dem heutigen Tag
from today; à partir de ce jour; a partir de hoy

sich automatisch um ... verlängern
to be renewed automatically for ...; reconduction automatique pour ...; prolongarse automáticamente por ...

Kündigungsfrist *f*
period of notice; délai de résiliation; plazo de aviso

-2-

5.
Über die Erweiterung des Exklusivvertrages für den Vertreter auf die Benelux-Länder wird nach Ablauf von zwei Jahren entschieden. In diesem Falle wird dieser Vertrag um eine Zusatzklausel erweitert.

6.
Der Vertreter wird der Incorporated monatliche Berichte über seine Tätigkeit vorlegen. Die Provision wird monatlich nach Zahlungseingang abgerechnet.

7.
Dieser Vertrag ist für beide Parteien exklusiv und rechtsverbindlich. Dies bedeutet, dass während der Dauer des Vertrages die Incorporated einerseits keinen anderen Vertreter für das deutsche Gebiet ernennen wird und der Vertreter andererseits keine Firmen, die gleiche oder ähnliche Produkte wie die Incorporated herstellen, vertreten darf.

Im Falle von Rechtsstreitigkeiten unterwerfen sich die Parteien der Rechtsprechung von Wilton, Connecticut.

Die vertragschließenden Parteien erklären sich mit den Klauseln dieses Vertrages einverstanden und unterschreiben ihn persönlich.

Dieser Vertrag wird in drei Originalen ausgefertigt. Jede Partei erhält eine Ausfertigung; ein Exemplar verbleibt in den Händen des Notars.

Wilton, Connecticut, 14.12. ..

Unterschrift der Parteien: ... ...

Unterschrift des Notars: ...

Unterschrift der Zeugen: ...

Zusatzklausel *f*
additional clause; clause additionnelle; cláusula adicional

nach Zahlungseingang *m*
after receipt of payment; après réception du paiement; una vez recibido el pago

rechtsverbindlich
legally binding; juridiquement valable; legalment válido

einen Vertreter ernennen
to appcint an agent; désigner un représentant; nombrar a un agente

Rechtsstreitigkeit *f*
litigation; litige; litigación, litigio

Rechtsprechung *f*
jurisdiction; juridiction; jurisdicción

vertragschließende Partei *f*
contracting partner; partie contractante; parte contratante

sich einverstanden erklären
to approve; approuver; declararse de acuerdo

unterschreiben
to sign; signer; firmar

Ausfertigung *f*
copy; expédition, copie; copia

Notar *m*
notary public; notaire; notario público

Kündigung durch den Vertreter

Notice given by the agent · Résiliation de la part du représentant · Rescisión por el agente

Daniel Birkenhoff
Hohenstädter Weg 20 · 73033 Göppingen

N.V. ACIMET S.A.
z. H. Herrn Peter van Dyck
P.O. Box 490
Tavernierkai 20
B-2000 Antwerpen
BELGIEN

Göppingen, 16. September 19..

Kündigung meines Vertretervertrages

Sehr geehrter Herr van Dyck,

wie Sie wissen, stehe ich seit geraumer Zeit unter ärztlicher Aufsicht und musste mich mehrmals operieren lassen.

Aufgrund meines Gesundheitszustandes sehe ich mich leider nicht mehr in der Lage, regelmäßige Kundenbesuche in meinem Gebiet zu machen.

Ich möchte daher mein Arbeitsverhältnis mit Ihnen unter Einhaltung der vertraglich vereinbarten 3-monatigen Kündigungsfrist zum Jahresende, also zum 31. Dezember dieses Jahres, kündigen.

Ich werde Ihnen rechtzeitig die Abrechnungen aller Kundenkonten und eine genaue Auflistung der Lagerbestände schicken. Bitte teilen Sie mir mit, was mit diesen geschehen soll.

Falls Sie weiterhin in meinem Gebiet vertreten sein wollen, bin ich gern bereit, Sie bei der Suche nach einem geeigneten Nachfolger zu unterstützen.

Ich danke Ihnen für die gute Zusammenarbeit.

Mit freundlichen Grüßen

...

Daniel Birkenhoff

seit geraumer Zeit for quite some time; depuis un certain temps; desde hace bastante tiempo

unter ärztlicher Aufsicht stehen to be under medical supervision; être sous surveillance médicale; estar bajo supervisión médica

Gesundheitszustand *m* state of health; l'état de santé; estado de salud

Arbeitsverhältnis *n* employment; contrat de travail; relación laboral

Einhaltung *f* **der Kündigungsfrist** with due observance of the period of notice; respect du délai de résiliation; observando el período de preaviso

Auflistung *f* list; liste; lista

Lagerbestände *m/pl.* stocks; stocks; existencias

Nachfolger *m* successor; successeur; sucesor

72 Kündigung des Vertrages durch die Firma

Notice given to the agent by the company · Résiliation du contrat de la part de la firme · Rescisión del contrato por la empresa

J. S. International Ltd.

88, Nassim Hill · Singapore 1025

Heinrich Lehmann GmbH
z. H. Herrn Jakob Erlemann
Kavalleriestr. 110

40213 Düsseldorf
GERMANY

Singapur, 10. Februar 19..

Kündigung Ihres Vertretervertrages

Sehr geehrter Herr Erlemann,

seit einigen Monaten haben wir leider keine Aufträge mehr aus Deutschland bekommen.

Wir möchten uns deshalb zunächst für einige Zeit aus dem deutschen Raum zurückziehen und verstärkt auf dem asiatischen Markt expandieren.

Aus diesem Grunde kündigen wir den mit Ihnen am 01.01.19.. geschlossenen Vertretervertrag fristgemäß zum 31. März dieses Jahres.

Der letzte Kontenausgleich erfolgte am 31. Dezember 19.. Bitte schließen Sie die Konten zum 31. März 19.., und schicken Sie uns die Endabrechnung.

Wir danken für Ihre Zusammenarbeit.

Mit freundlichen Grüßen

...

John S. Belvedere
Sales Coordinator

sich zurückziehen to withdraw; se retirer; retirarse

Raum *m* area; territoire; región

verstärkt expandieren to expand more strongly; s'étendre davantage; extenderse de forma más intensiva

asiatischer Markt Asian market; marché asiatique; mercado asiático

fristgemäß within the period of notice prescribed; dans les délais impartis; dentro del periodo prescrito

Kontenausgleich *m* settlement of accounts; règlement des comptes; liquidación de cuentas

die Konten *n/pl.* **schließen** to close the accounts; clore les comptes; cerrar las cuentas

Endabrechnung *f* final statement; décompte final; liquidación final

Anfrage auf Erstellung einer Marktstudie

73

Request for a market survey to be conducted · Demande de réalisation d'une étude de marché · Demanda para elaborar un estudio del mercado

NIPPON COMPUTER SOFTWARE INC.

7B Hamamatsu-cho
Minato-Ku, Tokio

Marktforschungsinstitut
Lederer & Möller GmbH & Co KG
Humboldtstraße 87

91054 Erlangen
DEUTSCHLAND

Tokio, 23. April 19..

Erstellung einer Marktstudie für den deutschen Markt

Sehr geehrte Damen und Herren,

von unseren Geschäftsfreunden, der Firma Deutsche Computer-Software GmbH, München, haben wir Ihre Anschrift erhalten. Diese Firma hatte letztes Jahr durch Sie eine Marktstudie erstellen lassen, mit deren Ergebnis sie sehr zufrieden war.

Wir haben vor, in absehbarer Zeit mit unserem Produkt, einer Computer-Software für den medizinischen Bereich, auf den europäischen Markt zu kommen. Wie wir aus Fachkreisen wissen, ist hierfür entweder Deutschland oder Großbritannien der geeignete Standort.

Anbei senden wir Ihnen eine genaue Beschreibung unserer Produktpalette zu Ihrem besseren Verständnis.

Uns würden vor allem folgende Fragen interessieren:

- Sind deutsche bzw. europäische Firmen an dieser Art Software interessiert?

...

Geschäftsfreund *m*
business associate; correspondant; amigo de negocios

eine Marktstudie *f* **erstellen lassen**
to have a market study conducted; faire réaliser une étude de marché; mandar hacer un estudio de mercado

Ergebnis *n*
result; résultat; resultado

medizinischer Bereich
medical sector; secteur médical; sector médico

aus Fachkreisen
from experts; par les experts; por medios competentes

der geeignete Standort
the suitable location; le site adéquat; la ubicación ideal

Produktpalette *f*
range of products; gamme de produits; gama de productos

zu Ihrem besseren Verständnis *n*
for your better understanding; pour votre meilleure compréhension; para su mejor comprensión

-2-

- Welche Abnehmerkreise kommen außer Ärzten und Krankenhäusern Ihrer Ansicht nach für das Produkt infrage?
- Welche Umsätze ließen sich möglicherweise erzielen? (statistische Vergleichszahlen)
- Ist es möglich, von Deutschland bzw. Großbritannien aus den gesamten EU-Markt zu betreuen?
- Können Sie uns eine Zusammenstellung der Firmen geben, die ähnliche Produkte vertreiben und zu welchen Kosten?
- Wie viel würde uns eine Werbekampagne von Japan aus kosten?
- Wie teuer würde eine Werbekampagne sein, die von Deutschland aus gesteuert wird?

Bitte teilen Sie uns zunächst mit, ob Sie in der Lage sind, eine solche Marktstudie zu erstellen und mit welchen Kosten wir zu rechnen hätten. Bei einem erfolgreichen Abschluss der Studie könnten wir uns gut vorstellen, dass ein Vertreter unseres Hauses nach Deutschland käme, um erste Kontakte aufzunehmen.

Wir hören gern bald wieder von Ihnen.

Mit freundlichen Grüßen

NIPPON SOFTWARE COMPUTER INC.

...

Yamamoto Komatsu

Abnehmerkreis *m*
group of buyers; groupe de clients; grupo de compradores

Umsatz *m*
sales, turnover; chiffre d'affaires; cifra de ventas

statistische Vergleichszahlen *f/pl.*
comparative statistics; données statistiques de référence; estadísticas comparativas

den Markt *m* **betreuen**
to work the market; s'occuper du marché; trabajar el mercado

Zusammenstellung *f*
list; liste; lista

ein Produkt *n* **vertreiben**
to distribute a product; distribuer un produit; distribuir un producto

Werbekampagne *f*
advertising campaign; campagne de publicité; campaña publicitaria

von Deutschland *n* **aus steuern**
to direct from Germany; diriger à partir de l'Allemagne; dirigir desde Alemania

Übersendung eines Werbeprospekts

Sending an advertising brochure · Envoi d'un prospectus publicitaire · Envío de un folleto de publicidad

74

A.B.C. DREWNO s.z.o.o.
ul. Wojska Polskiego 112
00-218 Warszawa
POLEN

Fulda, 25. Oktober 19..

Ihr Probeauftrag auf Erstellung neuer Broschüren

Sehr geehrter Herr Kowalski,

wir freuen uns, Ihnen als Anlage das Muster Ihrer neuen Broschüre in deutscher Sprache für Ihre Holzprodukte zu übersenden.

Wir glauben, dass diese recht gut gelungen ist, würden Sie aber bitten, uns nach genauer Prüfung mitzuteilen, ob Sie noch Änderungswünsche haben. Unter anderem bitten wir noch um Beantwortung folgender Fragen:

- Sind die Fotos in dieser Reihenfolge auf Seite 3 richtig dargestellt?
- Haben Sie Wünsche bezüglich des Fettdrucks auf der Vorderseite? Möchten Sie Ihren Firmennamen noch deutlicher hervorgehoben haben?
- Sie sprachen von einer ersten Auflage von 10 000 Stück. Die Preisgestaltung wäre viel günstiger, wenn Sie sich zum Druck von 20 000 Exemplaren entschließen könnten. Sie würden hierauf einen Nachlass von weiteren 10 % erhalten.

Bei fester Auftragserteilung bis zum 10.11. können wir die Lieferung bis 31. Dezember dieses Jahres garantieren.

Wir freuen uns, bald von Ihnen zu hören.

PATRICK NEUSS GMBH
WERBEAGENTUR

...

P. Neuss

Anlage

Probeauftrag *m*
trial order; commande d'essai; pedido de prueba

Änderungswunsch *m*
request for modification; demande de modification; deseo de modificación

richtig dargestellt sein
to be correctly depicted; être bien reproduit; estar reproducido correctamente

Fettdruck *m*
bold-faced type; en caractères gras; impresión en negrilla

Vorderseite *f*
front page; recto/couverture; página titular

Auflage *f*
number of copies, edition; tirage, édition; tirada, edición

Preisgestaltung *f*
hier: costs involved; calculation des prix; cálculo del precio

Druck *m*
printing; impression; impreso

Nachlass *m*
discount; remise; descuento

75 Bewerbung um eine Stelle

Application for a job · Sollicitation d'un emploi · Solicitud de empleo

➡ Briefe 76, 77

Juán Miguel Pellegrina
Calle Orense, 6-11
28020 Madrid

Transport und Verkehr AG
Postfach 40 90 21

31137 Hildesheim
DEUTSCHLAND

Madrid, 30. Juni 19..

Bewerbung als Berater im Bereich Verkehr

Sehr geehrte Damen und Herren,

in der Frankfurter Allgemeinen Zeitung habe ich Ihre Anzeige vom 25. Juni gelesen, mit der Sie einen Berater für den Bereich Verkehr suchen.

Ich bin 27 Jahre alt, spanischer Staatsbürger, habe mein Abitur in Madrid gemacht und bin dann nach Deutschland gezogen, um an der Universität Hannover mein Studium als Diplomkaufmann mit Prädikat abzuschließen.

Mit dem Studienschwerpunkt Transportwirtschaft und Logistik, in dessen Rahmen auch der ÖPNV-Sektor intensiv behandelt wurde, verfüge ich über die erforderlichen Kenntnisse, die ich in Ihrer Abteilung Verkehrswirtschaft konstruktiv einbringen kann.

Ich habe mehrere Praktika in deutschen und spanischen Firmen absolviert und während meines Studiums auch EDV-Kenntnisse erworben.

Als Anlage füge ich meine vollständigen Bewerbungsunterlagen bei.

...

Berater *m*
consultant; conseiller; consultor

Anzeige *f*
advertisement; annonce; anuncio

Abitur *n* **machen**
to obtain (German) university entrance qualifications; passer le baccalauréat (allemand); hacer el bachillerato (alemán)

Diplomkaufmann *m* **mit Prädikat**
Honours Graduate in Business Management; cadre commercial diplômé avec mention; comerciante diplomado con calificación

Studienschwerpunkt *m*
having specialised in; sujet principal des études; asignatura principal de estudios

Transportwirtschaft *f* **und Logistik** *f*
transport industry and logistics; industrie des transports et logistique; industria de transportes y logística

Praktikum *n*
work placement; stage; período de prácticas

-2-

Ich würde mich freuen, wenn Sie mir die Gelegenheit zu einem persönlichen Gespräch geben würden. Zurzeit halte ich mich bei meiner Familie in Madrid auf, wäre aber jederzeit bereit, nach Deutschland zu kommen.

Mit freundlichen Grüßen

...

Juán Miguel Pellegrina

Anlagen
Lebenslauf,
Praktika-Bescheinigung
Schul- und Universitätszeugnisse

persönliches Gespräch
personal interview; entretien personnel; entrevista personal

Lebenslauf *m*
curriculum vitae (CV); curriculum vitae (CV); curriculum vitae

Zeugnisse *n / pl.*
certificates, qualifications; diplômes; diplomas/ certificados de estudios

76 Einladung zu einem Vorstellungsgespräch

Invitation to an interview for a job · Invitation à un entretien personnel · Invitación a una entrevista personal

➜ Briefe 75, 77

TRANSPORT UND VERKEHR AG

31137 Hildesheim

Herrn
Juán Miguel Pellegrina
Calle Orense, 6-11
E-28020 Madrid
SPANIEN

Ihr Zeichen:	Unser Zeichen:	Hildesheim,
	pr/gu	05.07.19..

Ihre Bewerbung vom 30. Juni 19..

Sehr geehrter Herr Pellegrina,

wir danken Ihnen für die Zusendung Ihres Bewerbungsschreibens und der beigefügten Unterlagen und dürfen Ihnen mitteilen, dass wir daran interessiert sind, Sie kennenzulernen.

Die persönlichen Vorstellungsgespräche werden im Zuge eines Assessment-Centres in der Zeit vom 20. bis 21. Juli dieses Jahres im Hotel „Steigenberger Hof" am Flughafen Hannover durchgeführt. Nähere Einzelheiten entnehmen Sie bitte dem beigefügten Prospekt.

Am Morgen des 20. Juli erhält jeder Kandidat eine Aufgabe, die er im Laufe des Vormittags durchführen muss. Am Nachmittag desselben Tages werden wir Gruppengespräche abhalten. Die Kandidaten, die schließlich in die engere Wahl kommen, werden am folgenden Tag in Einzelgesprächen über das Unternehmen informiert. Diese Gespräche dienen darüber hinaus dem näheren Kennenlernen.

...

jemanden kennen lernen
to make one's acquaintance; faire la connaissance de quelqu'un; conocer a alguien

nähere Einzelheiten *f/pl.*
further details; de plus amples détails; los demás pormenores

Prospekt *m*
leaflet; prospectus; prospecto

Gruppengespräch *n*
group discussion; conversation en groupes; conversación en grupos

in die engere Wahl kommen
to be short-listed; être selectionné; ser elegido como uno de los primeros

Einzelgespräch *n*
individual talk; entretien individuel; conversación individual

–2–

Wir würden Sie bitten, sich am Abend des 19. Juli im Hotel „Steigenberger Hof" in Hannover einzufinden. Alle Kosten, die Ihnen für die Reise entstehen, können Sie gegen Beleg mit uns abrechnen.

Bitte bestätigen Sie kurz, ob Sie an dem Assessment-Centre teilnehmen, damit wir Ihnen ein Zimmer im Hotel reservieren können.

Mit freundlichen Grüßen

TRANSPORT UND VERKEHR AG

ppa. ... i.V. ...

Polster Reese

Anlage

gegen Beleg *m* **abrechnen**
to claim for expenses on presentation of receipts; faire le décompte des frais contre pièces justificatives; liquidar las cuentas contra justificantes

ein Zimmer *n* **im Hotel** *n* **reservieren**
to book a hotel room; réserver une chambre d'hôtel; reservar una habitación en un hotel

77 Einstellung eines Bewerbers

Employment of an applicant · Engagement d'un candidat · Empleo de un candidato

➔ Briefe 75, 76

TRANSPORT UND VERKEHR AG

31137 Hildesheim

Herrn
Juán Miguel Pellegrina
Calle Orense, 6-11
E-28020 Madrid
SPANIEN

Ihr Zeichen:	Unser Zeichen:	Hildesheim,
jmp	pr/gu	01.08.19..

Sehr geehrter Herr Pellegrina,

wie wir Ihnen bereits anlässlich des in Hannover stattgefundenen Assessment-Centres mitteilten, freuen wir uns, Sie als neuen Mitarbeiter für unsere Abteilung Transportwirtschaft einzustellen.

Wir fügen einen Vertragsentwurf und eine Verpflichtungserklärung zur Verschwiegenheit und zum Datenschutz in zweifacher Ausfertigung bei und bitten Sie, jeweils ein Exemplar zum Zeichen Ihres Einverständnisses mit Ihrer Unterschrift versehen an uns zurückzusenden.

Wir weisen darauf hin, dass unsere Betriebs- und Abrechnungsordnung in ihrer jeweils geltenden Fassung Bestandteile dieses Einstellungsvertrages sind. Nebenabsprachen sind nur verbindlich, wenn sie von beiden Seiten schriftlich bestätigt werden.

Das Eintrittsdatum ist der 1. September 19.. Ihr Dienstsitz ist Hildesheim. Alle weiteren Angaben, wie Arbeitsentgelt, Einsatzgebiete im In- und Ausland sowie Probezeit und Kündigungszeiten entnehmen Sie bitte dem beiliegenden Vertrag.

Wir freuen uns auf eine gute Zusammenarbeit.

Mit freundlichen Grüßen   Anlage

TRANSPORT UND VERKEHR AG

ppa. ...   i.A. ...

Vertragsentwurf *m*
draft contract; projet de contrat; proyecto de contrato

Verpflichtungserklärung *f* **zur Verschwiegenheit**
written undertaking of confidentiality; déclaration d'engagement à la discrétion; declaración de guardar discreción

Betriebsordnung *f*
company rules and regulations; règlement d'entreprise; reglamento de la empresa

Abrechnungsordnung *f*
expense claims procedure; règlement de liquidation; reglamento de liquidación

in ihrer jeweils geltenden Fassung
in their currently valid forms; dans leur version respectivement valable; en su versión respectivamente válida

Nebenabsprache *f*
additional agreement; convention / clause annexe; acuerdo adicional

Kündigungszeit *f*
period of notice; délai de préavis; plazo de aviso / despido

Referenz- und Empfehlungsschreiben

Testimonial · Lettre de référence et recommandation · Carta de referencias y de recomendación

Betr.: Frau Lydia Kammermeyer, geb. 06.12.19..

Frau Kammermeyer trat am 01.09.19.. als Auszubildende für Bürokommunikation in unser Unternehmen ein, wo sie eine 2 1/2-jährige Lehre absolvierte. Im Verlauf dieser Lehre wurde sie in allen relevanten Abteilungen unseres Hauses eingesetzt, um den Geschäftsablauf unseres Betriebes in allen Einzelheiten kennen zu lernen.

Nach erfolgreichem Abschluss der Lehre übernahmen wir Frau Kammermeyer als Angestellte in unserer Buchhaltungsabteilung. Ihre Aufgabe bestand hauptsächlich in der Bearbeitung aller ein- und ausgehenden Posten, die computermäßig erfasst werden mussten. Frau Kammermeyer bewies Umsicht und Tatkraft bei allen Vorgängen, die ein persönliches Engagement erforderten. So konnte sie mehrmals in schwierigen Fällen Fehler im System finden und bei der Richtigstellung von Unterlagen helfen.

Frau Kammermeyer erwies sich stets als hilfsbereite und freundliche Kollegin. Ihr Verhalten gegenüber Vorgesetzten und Mitarbeitern war einwandfrei.

Da Frau Kammermeyer nach 3-jähriger Tätigkeit in unserer Buchhaltungsabteilung den Wunsch äußert, sich im Ausland fortzubilden, hat sie zum 31.12.19.. gekündigt. Wir bedauern Ihr Ausscheiden, wünschen ihr jedoch für die Zukunft alles Gute.

München, 31.12.19..

PML-Computersysteme GmbH
Personalabteilung

ppa. ...   i.V. ...

Auszubildende(r) *f (m)* **für Bürokommunikation** *f*
office communication trainee; apprenti(e) en bureautique; aprendiz de ofimática

Lehre *f*
vocational training period; apprentissage; aprendizaje

Geschäftsablauf *m*
business procedures; marche des affaires; curso de los negocios

ein- und ausgehende Posten *m/pl.*
incoming and outgoing items; articles de compte arrivant et sortant; partidas de ingresos y salidas

Buchhaltungsabteilung *f*
accounts department; service de comptabilité; departamento de contabilidad

79 Ablehnung einer Bewerbung

Rejection of an applicant · Refus d'un candidat · Rechazo de un candidato

Gebrüder Johannsen & Biendenbach GmbH

Berlin und Frankfurt (Main)

Herrn
Balthasar Schmitz
Humboldtstr. 34

03050 Cottbus

Berlin, 03. 05. 19..

Bewerbung um eine Stelle als Technischer Verkaufsleiter

Sehr geehrter Herr Schmitz,

vielen Dank für Ihre Bewerbung vom 20. 04. 19.. für die von uns ausgeschriebene Stelle als Technischer Verkaufsleiter für die Abteilung Kesselrohre.

Nach gründlicher Durchsicht Ihrer Bewerbungsunterlagen sind wir jedoch zu dem Schluss gekommen, dass für die von uns gesuchte Tätigkeit Ihre technischen Kenntnisse möglicherweise nicht ausreichen, denn – wie aus Ihren Unterlagen hervorgeht – waren Sie vorwiegend im kaufmännischen, jedoch nicht in einem technischen Bereich tätig.

Wir bedauern sehr, Sie für diese Position nicht berücksichtigen zu können, und senden Ihnen anbei Ihre Bewerbungsunterlagen zu unserer Entlastung zurück.

Mit freundlichen Grüßen

GEBRÜDER JOHANNSEN & BIENDENBACH GMBH

ppa. ... i.V. ...

Anlage

Technischer Verkaufsleiter
technical sales manager; directeur technique des ventes; jefe técnico de ventas

Bewerbung *f*
application; candidature; solicitud de empleo

Kesselrohr *n*
boiler tube; tube de chaudière; tubo para calderas

technische Kenntnisse *f/pl.*
technical knowledge; connaissances techniques; conocimientos técnicos

technischer Bereich
technical field; secteur technique; sector técnico

berücksichtigen
to consider; prendre en considération; tomar en consideración

Bitte um Hilfe bei der Suche nach einer Praktikantenstelle

Request for help in finding a work placement · Demande d'assistance pour trouver un stage · Ruego de ayuda para encontrar un puesto de practicante

SOCIEDADE DOS METAIS S. A.

Caixa Postal 1020
970 Brasilia - DF
BRASIL

Herrn
Dr. Walter Schmitter
Mitglied des Vorstands
Deutsche Anlagenbau AG
Moosdorfstr. 20 - 24

12435 Berlin
DEUTSCHLAND

Brasilia, 10. Oktober 19..

Sehr geehrter Herr Dr. Schmitter,

da unsere Gesellschaft schon seit vielen Jahren erfolgreich mit Ihnen Geschäfte tätigt und auch besonders unsere persönlichen Kontakte so positiv verlaufen sind, darf ich mich heute mit einer persönlichen Bitte an Sie wenden:

Der Sohn eines unserer Geschäftsführer, Dr. da Silva, Júlio Costa da Silva, 25 Jahre alt, hat nach dem Abitur in Brasilien in São Paulo ein wirtschaftswissenschaftliches Studium soeben mit Erfolg abgeschlossen. Bevor er seine Karriere in einem brasilianischen Unternehmen beginnt, möchte sein Vater, dass er ein Jahr in Europa verbringt, um die Geschäftspraktiken des europäischen Kontinents und insbesondere die innerhalb der Europäischen Union kennen zu lernen. Dies halten wir aus brasilianischer Sicht im Hinblick auf die Entwicklung der europäisch-lateinamerikanischen Beziehungen, insbesondere angesichts der neuesten EU-Absprachen mit der MERCOSUL für besonders wichtig.

...

erfolgreich Geschäfte *n/pl.* **tätigen**
to do business successfully; avoir des affaires commerciales couronnées de succès; mantener relaciones comerciales con mucho éxito

positiv verlaufen
to develop positively; se développer positivement; desarrollarse positivamente

Geschäftsführer *m*
managing director; gérant; gerente

Abitur *n*
GB: A-levels, university entrance qualifications; baccalauréat; bachillerato

wirtschaftswissenschaftliches Studium
university course in economics; études d'économie; estudio de economía

Geschäftspraktiken *f/pl.* **kennen lernen**
to get to know the business practices; apprendre la pratique commerciale; aprender la práctica comercial

-2-

Herr da Silva hat eine mehrsprachige Erziehung genossen. Er spricht außer Brasilianisch fließend Englisch und hat auch einige Jahre Deutsch gelernt.

Wir wären Ihnen sehr dankbar, wenn Sie uns dabei helfen könnten, für Herrn da Silva eine Praktikantenstelle für die Dauer eines halben oder eines Jahres zu beschaffen. Es käme ihm nicht so sehr darauf an, eine bezahlte Stelle zu bekommen, als vielmehr einen möglichst umfassenden Einblick in europäische Geschäftsgepflogenheiten zu erhalten.

Wir erlauben uns, Herrn da Silvas Schul- und Universitätszeugnisse in Kopie sowie einen Lebenslauf als Anlage beizufügen. Für eventuelle Fragen steht er selbstverständlich jederzeit zur Verfügung. Die Reisekosten von und nach Brasilien wird Herr da Silva selbst tragen.

Es versteht sich von selbst, dass auch wir jederzeit bereit sind, für einen jungen Interessenten Ihres Hauses in unserem Unternehmen eine ähnliche Praktikantenstelle zu finden.

In der Hoffnung, dass Sie uns weiterhelfen können, verbleiben wir

mit freundlichen Grüßen

...

Fernando Ruiz da Sousa Melo
Director dos Serviços de Exportação

Anlage

Praktikantenstelle *f*
work placement; stage; periodo de práctica

bezahlte Stelle *f*
paid employment; poste payé; puesto pagado

Einblick *m*
insight; aperçu / idée globale; idea global

Geschäftsgepflogenheit *f*
business customs; coutume commerciale; costumbre / uso comercial

Schulzeugnis *n*
examination certificate; certificat scolaire; hoja de calificaciones

Lebenslauf *m*
CV, curriculum vitae; curriculum vitae; curriculum vitae

Reisekosten *pl.*
travel expenses; frais de voyage; gastos / dietas del viaje

Eröffnung einer neuen Niederlassung

81

Opening of a new subsidiary · Ouverture d'une nouvelle succursale · Apertura de una nueva sucursal

Burker & Lauch AG

Postfach 20 00 43 · 27576 Bremerhaven

Metalstar Co. Ltd.
220 Sukhumvit Road
Prakanong
Bangkok 10110
THAILAND

Bremerhaven, 2. Oktober 19..

Sehr geehrte Damen und Herren,

wegen der außerordentlich großen Nachfrage nach unseren Produkten im asiatischen Raum haben wir uns entschlossen, in Bangkok eine neue Niederlassung zu gründen, die von dort aus in Ihrem Land tätig sein wird, aber auch die umliegenden Nachbarländer bedienen soll.

Wir freuen uns, Ihnen die Anschrift unserer neuen Niederlassung wie folgt mitzuteilen:

Burker & Lauch Ltd.	Telefon-Nr.: 259-5608
94, Suksawat Road	Fax-Nr.: 259-8703
Bangkok 23004	

Herr Pisnu Tungkavichitvat ist der neue Leiter unserer Niederlassung und steht Ihnen jederzeit zur Verfügung.

Wir würden uns freuen, wenn Sie mit ihm Verbindung aufnehmen würden. Es versteht sich jedoch von selbst, dass wir Ihnen auch von hier aus jederzeit mit Rat und Tat zur Seite stehen werden.

Mit freundlichen Grüßen

Burker & Lauch AG

ppa. ...   i.V. ...

Heinz P. Lauch   P. J. Elstner

außerordentlich große Nachfrage *f*
extraordinarily high demand; demande exceptionnellement forte; demanda extraordinariamente alta

im asiatischen Raum *m* in Asian countries; dans la région asiatique; en la región asiática

tätig sein
to be active; être actif; ser activo

Nachbarland *n*
neighbouring country; pays voisin; país vecino

Leiter *m*
manager; directeur, gérant; gerente

mit jem. Verbindung *f* **aufnehmen**
to contact s. o.; prendre contact avec qn.; entrar en contacto con alg.

mit Rat *m* **und Tat** *f* **zur Seite stehen**
to give every assistance; assister par tous les moyens; ayudar con consejo y apoyo

82 Ankündigung der Eröffnung eines neuen Geschäftes

Announcement of opening of a new shop · Annonce de l'ouverture d'un nouveau magasin · Anuncio de apertura de un nuevo negocio

Frau
Margarete Ohlendorf
Mühlstr. 11

06116 Halle

Dresden, 12. Juni 19..

Sehr geehrte Frau Ohlendorf,

wir freuen uns, Ihnen als langjähriger Kundin unserer Kaufhäuser in Leipzig und Dresden heute die Eröffnung eines neuen Geschäftes in Halle mitzuteilen. Die Anschrift lautet:

Niedersachsenplatz 9–11.

Unser neues Kaufhaus verfügt über die neueste Einrichtung und bietet auf vier Etagen alles, was die verwöhnte Kundin wünscht.

Unser besonderer Kundenservice ist unter der Tel.-Nr. 90 35 03 von morgens 9.00 bis abends 18.00 Uhr zu erreichen.

Wir würden uns freuen, Sie bald in unserem Kaufhaus in Halle begrüßen zu dürfen. Unser Publicrelations-Chef, Herr Peter Ankner, steht Ihnen jederzeit zur Verfügung. Wir fügen außerdem einen Geschenkcoupon bei, mit dem wir unseren Stammkunden beim Kauf einer Ware ab DM 100,00 den Betrag von DM 20,00 vergüten. Dieser Geschenkcoupon ist bis einschließlich 31. Juli dieses Jahres gültig und kann in allen Abteilungen unseres neues Kaufhauses eingelöst werden.

Wir freuen uns auf Ihren Besuch.

Mit freundlichen Grüßen

Kaufhaus Mahler KG

...

Rita Kellermann
Verkaufskoordinatorin

Anlage
1 Geschenkcoupon

langjährige Kundin
customer of many years' standing; cliente de longue date; cliente de muchos años

Kaufhaus *n*
department store; grand magasin; grandes almacenes

Einrichtung *f*
equipment, facilities; équipement; equipo, instalaciones

verwöhnt
pampered, demanding; gâté, exigeant; exigente, refinado

Kundenservice *m*
customer service; service client; servicio postventa, asistencia técnica

Geschenkcoupon *m*
gift voucher; coupon-cadeau; cupón de regalo

Stammkunde *m*
regular customer; client fidèle; cliente habitual

vergüten
to reimburse; rembourser; reembolsar

eingelöst werden
hier: to be accepted; être accepté; ser aceptado

Verkaufskoordinatorin *f*
sales coordinator; coordinatrice des ventes; coordinadora de ventas

Änderung der Firmenanschrift

Change of firm's address · Changement d'adresse d'une maison · Cambio de dirección de la empresa

83

Bagel Import & Export GmbH
Ascherothstraße 7 · 58093 Hagen

Herrn
Albert Kabbadj
Interservice S. A.
24, avenue de France
Rabat (Agdal)
MAROKKO

Hagen, 4. Juli 19..

Sehr geehrter Herr Kabbadj,

bitte nehmen Sie zur Kenntnis, dass wir zum 1. August 19.. in neue Geschäftsräume umziehen werden. Wir bitten Sie daher, ab sofort Ihre Korrespondenz an folgende Anschrift zu richten:

Bagel Import & Export GmbH
Frohnhauser Straße 106

45144 Essen (Ruhr)
Deutschland

Unsere Tel.-Nr. ändert sich wie folgt:
++49/201/340875
Unsere neue Fax-Nr. lautet:
++49/201/4498759

Wir hoffen auf weitere gute Zusammenarbeit.

Mit freundlichen Grüßen

Bagel Import & Export GmbH

...

Hans-Günther Wiegand
Exportleiter

zur Kenntnis nehmen
to take note of; prendre note de; tomar nota de

Geschäftsräume *m/pl.*
premises; locaux; oficinas

umziehen
to move; déménager; trasladarse, mudarse

Korrespondenz *f* **richten an**
to address correspondence to; adresser la correspondance à; dirigir la correspondencia a

sich ändern
to change; changer; cambiar

84 Geschäftsaufgabe

Closing down a business · Cessation de commerce · Cierre de la empresa

Peter Jagenhofer GmbH
Export-Handel für Werkzeugmaschinen
Postfach 30 58 64 · 68305 Mannheim

Nikolai Nikolov Import
10, Dimitrov Blvd.
1000 Sofia
BULGARIEN

Mannheim, 08.07.19..

Sehr geehrte Damen und Herren,

es ist uns eine traurige Pflicht Ihnen mitzuteilen, dass die Peter Jagenhofer GmbH aus persönlichen Gründen mit Wirkung vom 01.09.19.. aufgelöst wird. Dies ist darauf zurückzuführen, dass der Hauptgesellschafter und Geschäftsführende Direktor, Herr Jürgen Jagenhofer, Ende August aus gesundheitlichen Gründen ausscheiden wird und die anderen Gesellschafter sich nicht in der Lage sehen die Geschäftsführung zu übernehmen.

Die Gesellschaft wird nach den gesetzlichen Vorschriften aufgelöst. Zum Liquidator wird für die Dauer eines Jahres Herr Jakob Stellmacher ernannt.

Bestehende Aufträge werden selbstverständlich mit der üblichen Sorgfalt abgewickelt. Wir bitten von der Vergabe neuer Aufträge Abstand zu nehmen.

Wir möchten diese Gelegenheit nutzen, Ihnen für die vielen Jahre treuer Loyalität gegenüber unserem Unternehmen zu danken. Wir wünschen Ihrem Unternehmen weiterhin alles Gute.

Mit freundlichen Grüßen

Peter Jagenhofer GmbH

...

Jürgen Jagenhofer
Geschäftsführer

Hauptgesellschafter *m* principal shareholder; principal associé; socio principal

Geschäftsführender Direktor managing director; directeur gérant; director gerente

aus gesundheitlichen Gründen for health reasons; pour des raisons de santé; por razones de salud

ausscheiden to retire; se retirer; retirarse

die Geschäftsführung *f* **übernehmen** to take over the management; se charger de la gestion; encargarse de la gerencia

gesetzliche Vorschrift *f* legal prescription; disposition légale; disposición legal

auflösen to dissolve; dissoudre; disolver

Liquidator *m* liquidator; liquidateur; liquidador

Auftrag *m* **abwickeln** to execute an order; exécuter un ordre; ejecutar un pedido

Änderung des Firmennamens

Change of company name · Changement de la raison sociale · Cambio de la denominación de la empresa

85

Rauch & Gabler GmbH
Großhandel
Traubenweg 11 · 44265 Dortmund

RUNDSCHREIBEN

Dortmund, 1. Juli 19..

An unsere verehrte Kundschaft

Sehr geehrte Damen und Herren,

da einer unserer Hauptgesellschafter, Herr Manfred Gabler, Ende des Jahres in den wohlverdienten Ruhestand gehen wird und seine Kinder an der Fortführung des Großhandelsgeschäftes nicht interessiert sind, werden wir mit Wirkung vom 1.1.19.. einen neuen Gesellschafter in unser Unternehmen aufnehmen. Es handelt sich um Herrn Dipl.-Kaufmann Hans-Jürgen Pütz, der 100 % der Anteile von Herrn Gabler übernehmen wird.

Wir haben daher beschlossen, unser Unternehmen ab 1.1.19.. umzubenennen in:

Rauch & Pütz GmbH

Der Sitz unseres Unternehmens bleibt unverändert. Die nötigen gesetzlichen Schritte zur Änderung des Firmennamens wurden bereits unternommen.

Wir danken Ihnen für Ihre Treue zu unserem Unternehmen und werden uns wie stets bemühen Sie zufrieden zu stellen.

Mit freundlichen Grüßen

... ...

Peter Rauch Manfred Gabler

Kundschaft *f*
clientele; clientèle; clientela

Hauptgesellschafter *m* main shareholder; sociétaire principal; socio principal

wohlverdienter Ruhestand
well-deserved retirement; retraite bien méritée; jubilación bien merecida

Fortführung *f*
continuation; continuation; continuación

Großhandelsgeschäft *n* wholesale business; entreprise de vente en gros; comercio al por mayor

Anteil *m*
share; part(icipation); participación social

umbenennen
to change the name; changer le nom; cambiar el nombre

Sitz *m*
registered office; siège social; domicilio social

nötige gesetzliche Schritte *m/pl.*
necessary legal steps; les mesures juridiques nécessaires; medidas legales necesarias

Treue *f*
loyalty; fidélité; fidelidad

86 Aktionärshauptversammlung

Shareholders' Annual General Meeting · Assemblée Générale des Actionnaires · Junta General de Accionistas

Burker & Lauch AG

Postfach 20 00 43 · 27576 Bremerhaven

Rundbrief an alle Aktionäre

Bremerhaven, 3. Januar 19..

Jahreshauptversammlung

Sehr geehrte Damen und Herren,

wir freuen uns, Sie zur diesjährigen Hauptversammlung am

15. Januar 19.. um 12.00 Uhr

in den Räumen des **Hotels Intercontinental** einzuladen.

Punkte der Tagesordnung sind:

1. Jahresbericht 19..
2. Akquisitionen des vergangenen Jahres
3. Geplante Investitionen für das kommende Jahr
4. Unsere neue Niederlassung in Bangkok, Thailand
5. Bilanzbericht und Kapitalaufstockung
6. Dividendenausschüttung
7. Entlastung des Vorstands und der Wirtschaftsprüfer
8. Neuberufung des Vorstands und der Wirtschaftsprüfer
9. Verschiedenes

Als Anlage erhalten Sie zur Vorinformation unseren Jahresbericht 19..

Wir hoffen auf zahlreiches Erscheinen.

Mit freundlichen Grüßen Anlagen

Burker & Lauch AG

...

Heribert Burker
Vorstandsvorsitzender

Rundbrief *f*
circular; circulaire; circular

Tagesordnung *f*
agenda; ordre du jour; orden del día

Bilanzbericht *m*
balance sheet report; rapport de bilan; informe sobre los estados financieros

Kapitalaufstockung *f*
increase in capital; augmentation de capital; aumento de capital

Dividendenausschüttung *f*
distribution of dividends; distribution de dividende; distribución de dividendos

Entlastung *f*
discharge; décharge; aprobación de la gestión

Wirtschaftsprüfer *m*
chartered accountant, auditor; commissaire aux comptes; revisor de cuentas

Vorstandsvorsitzender *m*
Chairman of the Board; Président du directoire; Presidente del Consejo de Administración

Weisungen anlässlich eines Konkurses

Instructions with regard to a bankruptcy · Instructions concernant une faillite · Instrucciones con motivo de una quiebra

Möller & Co. KG
Am Emmersberg 85 · 66113 Saarbrücken

Herrn
Luis Gómez Rubio
Avda. de la Paz, 57
E-49009 Bilbao (Vizcaya)
SPANIEN

Saarbrücken, 12. Juni 19..

Eröffnung des Konkursverfahrens Aguirre & Larrañaga

Sehr geehrter Herr Gómez,

aus Ihrem Schreiben vom 5. dieses Monats haben wir mit Bedauern entnommen, dass unser Kunde, die Firma Aguirre & Larrañaga, Bilbao, Konkurs anmelden musste.

Außer dem Kredit in Höhe von 13 350 200 Peseten, mit deren Eintreibung wir Sie seinerzeit beauftragt hatten, schuldet uns diese Firma gemäß beiliegender Rechnung noch einen weiteren Betrag von 2 550 500 Peseten, der sich auf die letzte Lieferung Nr. 307810 bezieht.

Wir wären Ihnen dankbar, wenn Sie den Gesamtbetrag von

15 900 700 Peseten

zur Einbeziehung in die Konkursmasse anmelden würden. Ebenso bitten wir Sie, diesen Betrag zwecks Anerkennung und Errechnung der Rangfolge auf der Gläubigerversammlung geltend zu machen.

...

mit Bedauern entnehmen
to note with regret; apprendre avec regret; desprender con pesar

Konkurs anmelden
to file bankruptcy proceedings; déclarer faillite; declararse en quiebra

Eintreibung *f*
collection; recouvrement; cobro

Gesamtbetrag *m*
total amount; montant total; importe total

Einbeziehung *f*
inclusion; inclusion; incorporación, inclusión

Konkursmasse *f*
bankruptcy estate; masse de la faillite; masa de la quiebra

Anerkennung *f*
recognition; reconnaissance; reconocimiento

Rangfolge *f*
ranking, order of precedence; ordre de préférence; graduación

Gläubigerversammlung *f*
assembly of creditors; assemblée des créanciers; junta de acreedores

–2–

Weiterhin erhalten Sie als Anlage unsere schriftliche Vollmacht, damit Sie uns in der o. a. Angelegenheit vertreten können.

Wir bitten Sie um Nachricht, sobald Sie Näheres erfahren.

Mit freundlichen Grüßen

Möller & Co. KG

i.V. ...

Schmiedebach

Anlagen
1 Rechnung
1 Vollmacht

Vollmacht *f*
power of attorney; procuration; poder

David Ferrato s.a.s.
Via della Provvidenza, 23
35040 Rubano
ITALIA

Zaspel, Stifter & Partner
Rechtsanwälte
Schlüterstr. 28

D-40235 Düsseldorf
DEUTSCHLAND

Rubano, 16. Februar 19..

Sehr geehrter Herr Zaspel,

wir schreiben Ihnen auf Empfehlung der italienischen Botschaft in Bonn, die uns Ihre Anschrift gegeben und Sie uns als Spezialisten für den vorliegenden Fall genannt hat.

Aus der beiliegenden Korrespondenz werden Sie entnehmen, dass die Firma „Software Computer Systeme Deutschland GmbH" in Essen den Bedingungen des zwischen Ihnen und uns abgeschlossenen Vertrages nicht entsprochen hat. Dem Vertrag zufolge sollte die infrage stehende Software bis 31.10.19.. geliefert werden.

Die Software ging uns schließlich verspätet am 20. Januar 19.. zu. Aufgrund dieser Verspätung hatten wir erhebliche Verluste bei unseren eigenen Kunden zu verzeichnen, da wir praktisch mit 3-monatiger Verspätung geliefert haben. Unsere Kunden zwangen uns, ihnen einen 25 %igen Rabatt einzuräumen. Andernfalls drohten sie, die Software nicht mehr abzunehmen.

...

auf Empfehlung *f*
upon the recommendation of; sur recommandation; por recomendación

Botschaft *f*
embassy; ambassade; embajada

dem Vertrag *m* **zufolge**
according to the contract; aux termes du contrat; según el contrato

verspätet zugehen
to arrive late; arriver en retard; llegar tarde

erhebliche Verluste *m/pl.* **zu verzeichnen haben**
to incur heavy losses; subir de graves pertes; registrar graves pérdidas

eine 3-monatige Verspätung *f*
a 3-month delay; un retard de trois mois; un retraso de 3 meses

einen Rabatt einräumen
to grant a rebate; accorder un rabais; conceder una rebaja

andernfalls
hier: otherwise; dans le cas contraire, sinon; de lo contrario

-2-

Die Firma „Software Computer Systeme Deutschland GmbH“, der wir diese Verluste gemäß unseren Einkaufsbedingungen in Rechnung stellten, weigert sich jedoch, hierfür aufzukommen, sodass wir keinen anderen Weg mehr sehen, als Sie zu bitten, sich der Sache auf rechtlichem Wege anzunehmen.

Wir bitten Sie uns kurz mitzuteilen, ob Sie bereit sind, den Fall zu übernehmen.

Gern hören wir wieder von Ihnen.

Mit freundlichen Grüßen

David Ferrato s.a.s.

...

Domenico Malavasi

Anlagen

Einkaufsbedingungen *f/pl.*
conditions of purchase; conditions d'achat; condiciones de compra

in Rechnung *f* **stellen**
to charge; facturer; cargar en cuenta

sich weigern
to refuse; refuser; rehusar

keinen anderen Weg *m* **sehen**
to see no alternative; ne pas voir d'autre solution; no ver otra posibilidad

sich einer Sache *f* **auf rechtlichem Wege** *m* **annehmen**
to deal with the matter by legal means; régler une affaire par la voie juridique; encargarse de un asunto por vía jurídica

Einladung zur Beteiligung an einer Ausschreibung

Invitation to tender · Invitation à participer à un appel d'offres · Invitación a participar en un concurso-subasta

89

Caribbean Construction Company Ltd.

P.O. Box 54090
Point Lisas, Trinidad, West Indies

Klein Großbauprojekte AG
Paderborner Str. 87

59075 Hamm
DEUTSCHLAND

Trinidad, 04.08.19..

Sehr geehrter Herr Klein,

wir verdanken Ihre Anschrift und Ihren Namen der Industrie- und Handelskammer in Düsseldorf, die Sie uns als Interessenten und Lieferanten für unsere Anlage empfohlen hat.

Wir sind eine führende Konstruktionsfirma in Trinidad und suchen für einen Kunden geeignete Lieferanten für eine schlüsselfertige Krankenhausanlage, die in Trinidad in ca. 3–4 Jahren ihren Betrieb aufnehmen soll.

Als Anlage erhalten Sie unsere Tenderunterlagen GPP-35239 mit allen Bedingungen hinsichtlich der Auswahlkriterien, des Preises, der Lieferzeit, der Zahlungs- und Lieferbedingungen usw. Sollten Sie an einer Teilnahme an dieser Ausschreibung interessiert sein, wäre es erforderlich, dass Sie das als Anlage 1 beigefügte Formular ausfüllen und auf das dort bezeichnete Konto einen Betrag von $ 1000,00 einzahlen.

Alle weiteren Einzelheiten, die für eine Beteiligung an der Ausschreibung relevant sind, können Sie aus der als Anlage 2 beigefügten Beschreibung entnehmen.

...

Interessent *m*
interested party; personne intéressée; parte interesada

geeigneter Lieferant
suitable supplier; fournisseur adéquat; suministrador adecuado

Konstruktionsfirma *f*
construction firm; société de construction; empresa constructora

schlüsselfertige Krankenhausanlage
hospital premises ready for immediate occupation; centre hospitalier clé en main; centro hospitalario llave en mano

Betrieb *m* **aufnehmen**
to start operating; entrer en service; iniciar la explotación

Auswahlkriterium *n*
selection criterion; critère de sélection; criterio de selección

ein Formular ausfüllen
to fill in/out a form; remplir un formulaire; llenar un formulario

aus der Beschreibung entnehmen
to see from the description; trouver dans la description; deducir de la descripción

-2-

Wir weisen darauf hin, dass, falls Sie das Formular rechtzeitig zurückschicken und den Betrag auf das o. g. Konto einzahlen, Sie innerhalb von 1 Monat von uns Bescheid erhalten, ob Sie sich an der Ausschreibung beteiligen können. Die Frist für die Einreichung der Unterlagen ist auf den 1. März 19.. festgesetzt worden. Konsortien sind zugelassen.

Wir freuen uns von Ihnen zu hören.

Mit freundlichen Grüßen

Caribbean Construction Company Ltd.

...

Kathryn Verey

Anlagen

hinweisen auf
to draw your attention to; attirer l'attention sur; llamar la atención a

Bescheid *m* **erhalten**
to be informed; être informé; ser informado

Frist *f*
hier: deadline; délai; periodo

Einreichung *f* **der Unterlagen** *f/pl.*
submission of the documents, présentation des documents; presentación de los documentos

Konsortium *n*
consortium; consortium; consorcio

Beteiligung an einem Konsortium

Participation in a consortium · Participation à un consortium · Participación en un consorcio

90

Nagel & Römer AG
Oettingenstraße 76 · 80538 München

Martinez & Goya S.A.
Calle de María de Molina 156
E-28006 Madrid
SPANIEN

München, 24. März 19..

Beteiligung an einem Konsortium

Sehr geehrte Damen und Herren,

wir erhielten Ihre Anschrift von der Deutsch-Spanischen Industrie- und Handelskammer in Madrid, die uns mitteilte, dass Sie sich auf den Bau von schlüsselfertigen Fertighäusern in Spanien spezialisiert haben.

Wir beteiligen uns im Rahmen eines EU-Projektes am Bau einer Hotelanlage in Südspanien (westlich von Cádiz). Das Projekt soll im Frühjahr 19.. fertig gestellt werden. Wir zeichnen verantwortlich für die gesamte Planung. Die auf beiliegender Liste aufgeführten Firmen sind an dem Projekt beteiligt.

Für die Überwachung des Bauvorhabens brauchen wir jedoch noch einen Partner vor Ort, der sich vor allem um die Abwicklung und Koordinierung der Bauarbeiten kümmert.

Wenn Sie an dieser Aufgabe interessiert sind und sich unserem Konsortium anschließen möchten, bitten wir baldmöglichst um Nachricht. Alle näheren Einzelheiten über das Projekt können Sie der beigefügten Broschüre entnehmen.

...

Industrie-und Handelskammer *f*
Chamber of Commerce and Industry; Chambre du Commerce et de l'Industrie; Cámara de Comercio e Industria

schlüsselfertiges Fertighaus
prefabricated house ready for occupation; maison préfabriquée clé en main; casa prefabricada llave en mano

verantwortlich zeichnen für
to be responsible for; être responsable de; ser responsable de

Überwachung *f*
supervision; supervision; supervisión

Bauvorhaben *n*
construction project; projet de construction; proyecto de construcción

vor Ort
on the spot; sur place; en el lugar, in situ

Abwicklung *f*
execution; exécution, réalisation; ejecución

sich anschließen
to join; rejoindre; asociarse a

-2-

Bei Interesse Ihrerseits wäre es wünschenswert, wenn bald ein Treffen zwischen Vertretern der beteiligten Firmen möglichst in Madrid stattfinden könnte.

Wir erwarten mit Interesse Ihre baldige Antwort.

Mit freundlichen Grüßen

Nagel & Römer AG

ppa. ... i.V. ...

O. Paulsen R. Mallon

Anlagen

wünschenswert desirable; souhaitable; deseable

Buchung eines Hotelzimmers

Booking hotel accommodation · Réservation d'une chambre d'hôtel · Reserva de hotel

➡ Brief 92

Peter Schiwon

Leninskij Prospekt 36 · Moskwa

Hotel PACHOWITZ
Lange Str. 90

45307 Essen
DEUTSCHLAND

Moskau, 10. Januar 19..

Teilnahme an der IGEDO, Düsseldorf

Sehr geehrte Damen und Herren,

Ihr Hotel wurde mir von einem Geschäftsfreund empfohlen.

Für die vom 28. März bis 3. April dieses Jahres in Düsseldorf stattfindende Messe für Damenoberbekleidung benötige ich ein Einzelzimmer mit Dusche oder Bad inklusive Frühstück.

Da ich am 27. März mit der Aeroflot aus Moskau ankommen werde, wäre ich Ihnen dankbar, wenn Sie mir einen Stadtplan von Düsseldorf und Essen zukommen lassen könnten, aus dem ersichtlich ist, wie ich mit öffentlichen Verkehrsmitteln zu Ihnen kommen kann.

Bitte bestätigen Sie mir die Reservierung schriftlich per Fax. Meine Fax-Nr. lautet: 007/095/823010. Besten Dank im Voraus.

Mit freundlichen Grüßen

...

Peter Schiwon

Teilnahme *f*
attendance at, visit to; participation; participación

Geschäftsfreund *m*
business associate; correspondant; amigo de negocios

Messe *f* **für Damenoberbekleidung** *f*
ladies' fashion fair; salon du prêt-à-porter féminin; feria de moda femenina

Einzelzimmer *n*
single room; chambre à un lit; habitación individual

inklusive Frühstück *n*
including breakfast; petit déjeuner compris; desayuno incluido

Stadtplan *m*
street map; plan de la ville; plano de la ciudad

ersichtlich sein
hier: showing; qui montre; desprender

öffentliches Verkehrsmittel
public transport; moyens de transport public; transporte público/colectivo

Reservierung *f*
reservation; réservation; reserva

92 Bestätigung einer Hotelreservierung

Confirmation of a hotel booking · Confirmation d'une réservation d'hôtel · Confirmación de una reserva de hotel

➜ Brief 91

TELEFAX

an: Herrn Peter Schiwon, Moskau
Fax: 007/095/823010

von: Hotel PACHOWITZ, Essen
Fax: ++49/201/230897

Datum: 18. Januar 19..

Ihre Zimmerbestellung vom 10.01.19..

Sehr geehrter Herr Schiwon,

wir danken für Ihr Schreiben vom 10. dieses Monats und bestätigen Ihre Hotelreservierung wie folgt:

1 Einzelzimmer mit Dusche/WC vom 27.03.19.. bis einschließlich 03.04.19.. zum Preis von 180,00 DM pro Tag bei Zahlung in bar, per Scheck oder Kreditkarte am Abreisetag.

Die Buchung ist verbindlich, sofern sie nicht mindestens 14 Tage vorher schriftlich oder telefonisch storniert wird.

Wir schicken Ihnen mit separater Post eine Beschreibung der Lage unseres Hotels mit einem Hotelprospekt sowie einen Stadtplan, aus dem sowohl die Zufahrtswege zwischen Düsseldorf und Essen als auch die zur Verfügung stehenden öffentlichen Verkehrsmittel ersichtlich sind.

Wir wünschen Ihnen einen guten Flug nach Düsseldorf und freuen uns, Sie am 27.03. in unserem Hause begrüßen zu dürfen.

Mit freundlichen Grüßen

...

Marianne Ulrich
Manager Hotelreservierungen

bis einschließlich
up to and including; jusqu'au ... y compris; hasta incluso

pro Tag *m*
per day; par jour; por día

Zahlung *f* **in bar**
cash payment; paiement en espèces; pago al contado

Scheck *m*
cheque; chèque; cheque

Kreditkarte *f*
credit card; carte de crédit; tarjeta de crédito

Abreisetag *m*
day of departure; jour de départ; día de salida

stornieren
to cancel; annuler; cancelar

mit separater Post *f*
by separate mail; par courrier séparé; por correo separado

Lage *f*
location; situation; situación

Zufahrtsweg *m*
hier: road link; voie d'accès; vía de acceso

Hotelreservierung für eine Tagung

Hotel booking for a conference · Réservation d'hôtel pour une conférence · Reserva de hotel para una conferencia

STAHLBAU AG
Hauptverwaltung
Sobieskigasse 40
1090 Wien

HOTELGRUPPE RAMONA
Postfach 4 50 73

D-45529 Heidelberg
DEUTSCHLAND

Wien, 15. Juli 19..

Tagung vom 1.–5.10.19.. in Heidelberg

Sehr geehrte Damen und Herren,

wir beziehen uns auf unser gestriges Telefongespräch und danken für Ihre detaillierten Informationen. Nach Rücksprache mit der Direktion Ihres Hotels bestätigen wir Ihnen heute die Reservierung für obige Tagung in Ihrem Hotel RAMONA in Heidelberg wie folgt:

Zimmer:	40 Einzelzimmer
	4 Doppelzimmer
Ausstattung:	alle mit Bad/WC oder Dusche/WC, Minibar, Fernseher
Anreisetag:	01.10.19.. gegen 15.30 Uhr
Abreisetag:	05.10.19.. vormittags

Die Konferenzräume „Kurfürst“ und „Blauer Salon“ werden ab 2. bis einschließlich 4.10. von 8.00 bis 18.00 Uhr benötigt. Sie stellen sicher, dass im Raum „Kurfürst“ ca. 20 Personen und im „Blauen Salon“ rund 30–40 Personen Platz nehmen können.

Wie Sie uns zusagten, werden die Konferenzräume mit Videorekorder, Overheadprojektor, Flipchart und einer Multivisionsanlage ausgerüstet sein.

...

Rücksprache *f* consultations; consultation; consulta

Einzelzimmer *n* single room; chambre à un lit; habitación individual

Doppelzimmer *n* double room; chambre à deux lits/double; habitación doble

sicherstellen to make sure; assurer /garantir; asegurar

Platz nehmen to be seated; s'asseoir; sentarse

Videorekorder *m* videorecorder; magnétoscope; videocassette

Overheadprojektor *m* overhead projector; rétroprojecteur; proyector a luz diurna

Flipchart *f* flip chart; tableau à feuilles arrachables; proyector de diagramas

Multivisionsanlage *f* video screen; installation multivision; instalación multivisión

–2–

Die Kosten für die technischen Geräte sind bitte gesondert in Rechnung zu stellen.

Alle Mahlzeiten werden gemeinsam in Ihrem Hotelrestaurant eingenommen. Am Vor- und Nachmittag reichen Sie in den Konferenzräumen Kaffee und Kuchen bzw. Gebäck. Getränke stehen den ganzen Tag über zur Verfügung.

Wir haben die Konferenzteilnehmer darauf hingewiesen, dass eventuell vom Zimmer aus geführte Telefonate sowie Getränke aus der Minibar von ihnen selbst bezahlt werden müssen. Die am Abend an der Bar eingenommenen Getränke gehen auf unsere Rechnung.

Wir bitten Sie, die abschließende Rechnung nach Ende der Konferenz direkt an uns, Abteilung Reisekostenabrechnung, zu schicken.

Wir hoffen, dass die Konferenz für uns alle ein voller Erfolg wird, und senden Ihnen anbei eine Liste der Konferenzteilnehmer. Eventuelle Änderungen werden wir Ihnen noch telefonisch mitteilen.

Mit freundlichen Grüßen

STAHLBAU AG

...

Beate Meusser
Leiterin Reisekostenabrechnung

Anlage

eine Mahlzeit einnehmen
to take a meal; prendre un repas; servir una comida

Getränk *n*
drink; boisson; bebida

Konferenzteilnehmer *m* conference member; participant à la conférence; participante en una conferencia

Abteilung *f* **Reisekostenabrechnung** *f*
travel expenses department; service de décompte des frais de voyage; servicio para cálculo de gastos de viaje

ein voller Erfolg werden
to be entirely successful; *hier:* sera un succès; tener pleno éxito

Änderung *f*
change; modification; modificación

Standreservierung auf einer Messe

Reserving a stand at a fair · Réservation d'un stand à une foire · Reserva de un stand en una feria

➡ Brief 95

Sport & Loisirs
Metz

Deutsche Ausstellungsges. mbH
z. H. Frau Seifert
Herderstr. 88-102

04277 Leipzig
ALLEMAGNE

Metz, 16. Januar 19..

INTERSPORT-Messe vom 15.–22.05.19..

Sehr geehrte Frau Seifert,

vielen Dank für die Zusendung Ihrer Messebroschüre für die INTERSPORT 19..

Nach Durchsicht des Messelageplans haben wir uns entschlossen, den Stand 82, Größe 8 m x 6 m = 48 m^2, im Nordflügel der Halle C zu buchen, sofern dieser noch zu vermieten ist. Andernfalls bitten wir um Reservierung eines Stands ähnlicher Größe in ähnlicher Lage.

Laut Prospekt hat jeder Stand Wasser-, Elektro- und Telefonanschluss. Bitte sehen Sie für uns auch die Installation eines Faxgerätes vor. Falls nicht jeder Stand Ihrerseits mit einer Standardmöblierung ausgestattet wird, bitten wir um Übermittlung einer Liste mit Angabe von Messebaufirmen, damit wir die Möblierung selbst veranlassen können.

Darüber hinaus bitten wir um Mitteilung, ob die Möglichkeit besteht, ein Videogerät mit Riesenbildschirm auf dem Stand aufstellen zu lassen. Auch hier würden wir uns freuen, wenn Sie uns Adressen von Messeausstattern zukommen lassen könnten, die solche Geräte zur Verfügung stellen.

...

Messelageplan *m*
layout plan of the fair; plan général de la foire; plano general de la feria

Nordflügel *m*
north wing; aile nord; ala norte

buchen
to book; réserver; reservar

Wasser-, Elektro- und Telefonanschluss *m*
to have running water, electricity and a phone line; alimentation en eau, prise de courant et branchement téléphonique; acometida a la red de agua, eléctrica y telefónica

Standardmöblierung *f*
standard fittings; ameublement standard; mobiliario estándar

Messebaufirma *f*
stand construction company; société de construction de stand; sociedad de construcción de stand

Videogerät *n* **mit Riesenbildschirm** *m*
video-player with a giant screen; appareil vidéo avec écran géant; aparato vídeo con pantalla gigante

–2–

Anlässlich der **INTERSPORT** werden wir 6 Mitarbeiter nach Leipzig schicken, für die wir für die Dauer der Messe eine Hotelunterkunft benötigen. Falls es eine Liste von guten Mittelklassehotels gibt, die in der Stadt oder stadtnah liegen und eine gute Verkehrsanbindung haben, bitten wir Sie, uns auch diese zuzusenden.

Wir bedanken uns im Voraus für Ihre Mühe und bitten um umgehende Zusendung der Reservierungsbestätigung.

Mit freundlichen Grüßen

...

Hubert Jacquerel
Werbeleiter

Hotelunterkunft *f*
hotel accommodation; logement en hôtel; alojamiento hotelero

Mittelklassehotel *n*
medium-class hotel; hôtel de catégorie moyenne; hotel de calidad media

stadtnah
near the town centre / city centre; près du centre-ville; cerca del centro ciudad

eine gute Verkehrsanbindung haben
to be within easy reach of public transport; être bien desservi; estar bien situado para alcanzar los transportes públicos

Werbeleiter *m*
advertising manager; chef du service publicité; jefe de publicidad

Bestätigung einer Standreservierung für eine Messe

95

Confirming a stand reservation at a fair · Confirmation d'une réservation d'un stand à une foire · Confirmación de reserva de stand en una feria

➜ Brief 94

Deutsche Ausstellungsges. mbH
Leipzig

Herrn Werbeleiter
Hubert Jacquerel
c/o Ste. Sports & Loisirs
20, rue Marie-Anne de Bovet
F-57000 Metz
FRANCE

Ihre Nachricht vom: 16.01.19..	Unsere Nachricht vom:	Unser Zeichen: sei

Leipzig,
25. Jan. 19..

Reservierung des Stands Nr. 82, Halle C
auf der INTERSPORT 19..

Sehr geehrter Herr Jacquerel,

wir danken für Ihr o. a. Schreiben, das wir gern wie folgt beantworten:

1. Wunschgemäß haben wir den Stand Nr. 82 in Halle C, Größe 48 m², für Sie reserviert. Als Anlage erhalten Sie das von uns schon entsprechend vorbereitete Buchungsformular in zweifacher Ausfertigung, das als Vertragsgrundlage dient. Bitte schicken Sie uns ein Exemplar mit Ihrer Unterschrift versehen bis spätestens 28.02.19.. zurück.
2. Den Mietpreis für den Stand für die Dauer der Messe in Höhe von DM 14.500,00 bitten wir, bis zum 30. April 19.. auf unser Konto Nr. 30184600' bei der Leipziger Allgemeinen Bank AG, Leipzig, BLZ 500 600 10, zu überweisen.

...

wunschgemäß
as requested; selon vos désirs; conforme a sus deseos
Buchungsformular *n*
booking form; formulaire de réservation; formulario de reserva
in zweifacher Ausfertigung *f*
two-fold, in duplicate; en deux exemplaires; en duplicado
Vertragsgrundlage *f*
basis of the contract; base du contrat; base del contrato
Unterschrift *f*
signature; signature; firma
Mietpreis *m*
rental price; prix du loyer; precio de alquiler
überweisen
to transfer; virer; transferir

–2–

3. Der Stand verfügt über Wasser-, Elektro- und Telefonanschluss. Ein Faxgerät wird für Sie reserviert. Darüber hinaus werden wir eine Firma beauftragen, das von Ihnen benötigte Videogerät mit Riesenbildschirm für die Dauer der Messe zur Verfügung zu stellen. Die zusätzlichen Kosten dafür werden Ihnen zusammen mit den Kosten für Strom, Wasser und der Fax-/Telefongebühr nach Beendigung der Messe in Rechnung gestellt.

4. Die Standardausstattung des Standes besteht aus 6 Stühlen, einem Tisch (3 m x 4 m), einem Schreibtisch mit Drehstuhl und einer eingebauten kleinen Kochnische mit einer Kaffeemaschine und Geschirr für ca. 4 Personen. Anbei erhalten Sie eine Broschüre der Messebau- und Ausstattungsfirmen, die Sie für eine zusätzliche Möblierung kontaktieren können. Dies ist aber auch noch 1 bis 2 Tage vor Messebeginn an Ort und Stelle möglich.

5. Zwecks Buchung einer Hotelunterkunft wenden Sie sich bitte an das Fremdenverkehrsamt der Stadt Leipzig, Tel. 03 41/6 93 02. Wir raten Ihnen, die Reservierung baldmöglichst vorzunehmen, da die Hotels zu Messezeiten erfahrungsgemäß früh ausgebucht sind.

Wir hoffen, Ihnen mit diesen Angaben gedient zu haben.

Mit freundlichen Grüßen

Deutsche Ausstellungsges. mbH

...

Martina Seifert
Leiterin der Abtlg. Öffentlichkeitsarbeit

Anlage
1 Reservierungsformular (2fach)
1 Broschüre der Messebaufirmen
1 Stadtplan der Stadt Leipzig mit Hinweis auf die Messezufahrten

verfügen über
to have; disposer de; disponer de

Faxgerät *n*
fax; télécopieur; (tele)fax

für die Dauer der Messe *f*
for the duration of the fair; pour la durée de la foire; para la duración de la feria

in Rechnung stellen
to charge; débiter, facturer; debitar, cargar en cuenta

Standardausstattung *f*
standard equipment; équipement standard; equipo estándar

Kochnische *f*
kitchenette; cuisinette; rincón cocina

Geschirr *n*
china; vaisselle; vajilla

an Ort und Stelle
on the spot; sur place; en el mismo lugar, in situ

Fremdenverkehrsamt *n*
tourist office; office du tourisme; oficina de turismo

erfahrungsgemäß
in our experience; l'expérience prouvant que ...; según nuestra experiencia

Berufsjubiläum

Celebrating years of service · Anniversaire d'entrée en service · Aniversario en la profesión

The Crown Plc

24-41 Gresham Road · Manchester MA4 1HQ
Großbritannien

Herrn
Franz Leuchtenbrink
Vorstandsvorsitzender
Kaufhauskette SCHLÖSSER AG
Postfach 3 49 07

D-12051 Berlin
DEUTSCHLAND

Manchester, 25. März 19..

Sehr geehrter Herr Leuchtenbrink,

wir haben erfahren, dass Sie am 1. April 19.. Ihr 40. Dienstjubiläum in der Kaufhauskette Schlösser AG feiern werden.

Als langjähriger Lieferant Ihres Hauses haben wir Sie in diesen Jahren als erfahrenen, hoch qualifizierten und angenehmen Kunden und Gesprächspartner kennen und schätzen gelernt.

Durch Ihr persönliches Engagement und Ihre geschickte Unternehmensführung haben Sie dazu beigetragen, Ihr Unternehmen über die Grenzen Ihres Landes hinaus bekannt zu machen.

Wir möchten Ihnen hierzu unseren herzlichen Glückwunsch aussprechen, verbunden mit dem Wunsch für weitere Erfolge und beste Gesundheit.

Mit verbindlichen Empfehlungen

The Crown Plc

...

Iain G. Fielding
European Manager

Kaufhauskette *f*
department store chain; chaîne de grands magasins; cadena de grandes almacenes

Dienstjubiläum *n*
hier: ... years of service; anniversaire d'entrée en service; aniversario en el cargo

Lieferant *m*
supplier; fournisseur; suministrador

hoch qualifiziert
highly qualified; hautement qualifié; muy calificado

kennen lernen
to come to know; *hier:* apprendre à connaître; conocer

schätzen lernen
to come to appreciate; pouvoir apprécier; apreciar

geschickte Unternehmensführung
clever company management; gestion adroite de l'entreprise; gestión hábil de la empresa

verbunden mit
combined with; joint à; vinculado a

97 Ernennung zum Direktor

Appointment as a director · Nomination au poste de directeur · Nombramiento para el cargo de director

Schaurte KG
Postfach 119 90 · Ankerstraße 19-21
76189 Karlsruhe

General Trading Corp. S.A.
z. H. Herrn Thomas Withman
32, Nassim Hill
Singapore 1025
SINGAPUR

Karlsruhe, 29. Mai 19..

Sehr geehrter Herr Withman,

wir freuen uns Ihnen heute bekannt zu geben, dass unser langjähriger Mitarbeiter, Herr Franz Brautmacher, mit dem Sie zusammenarbeiten und den Sie gut kennen, mit Wirkung vom 1. Mai dieses Jahres zum Direktor unseres Unternehmens bestellt wurde. Er leitet verantwortlich die Abteilung Verkauf Ausland und ist als Prokurist berechtigt, zusammen mit einem weiteren Prokuristen unseres Hauses Verträge abzuschließen und in unserem Namen zu handeln.

Wir würden es begrüßen, wenn sich das gute Einvernehmen zwischen Ihnen und unserem Haus durch diese Maßnahme noch vertiefen würde.

Mit freundlichen Grüßen

Schaurte KG

i.V. ... i.A. ...

P. Schmitz R. Wagner

langjähriger Mitarbeiter
member of staff of many years' standing; collaborateur de longue date; colega de muchos años

bestellen
hier: to appoint; nommer; designar

Abteilung *f* **Verkauf** *m* **Ausland** *n*
foreign sales department; service exportations; servicio ventas al extranjero

Prokurist *m*
officer with statutory authority; fondé de pouvoir; apoderado general

Vertrag *m* **abschließen**
to conclude a contract; conclure un contrat; concluir un contrato

in unserem Namen *m* **handeln**
to act on our behalf; agir en notre nom; actuar en nuestro nombre

das gute Einvernehmen
the good relations; la bonne entente; las buenas relaciones

vertiefen
to deepen; approfondir, renforcer; profundizar

Kondolenzbrief

Letter of condolence · Lettre de condoléances · Carta de pésame

Textiles Engineering Ltd.
T 1 Block, Plot no. 18/2
Chinwad · Pune 411 019
INDIA

Mertens & Goebel GmbH
Postfach 23 09 18

14297 Berlin
GERMANY

Pune, 13. Dezember 19..

Sehr geehrte Damen und Herren,

mit großer Bestürzung haben wir davon Kenntnis genommen, dass Ihr verehrter Seniorchef, Herr Matthäus Goebel, vergangenen Monat seinem schweren Leiden erlegen ist. Wir möchten der Familie von Herrn Goebel und allen Ihren Mitarbeitern unser tiefstes Beileid aussprechen.

Wir haben als Lieferant Ihres Hauses viele Jahrzehnte mit Herrn Goebel zusammengearbeitet und ihn als äußerst fairen, stets kooperationsbereiten und gütigen Menschen kennen gelernt. Wir können uns vorstellen, welch herben Verlust der Tod von Herrn Goebel für Sie bedeutet.

Wir sind jedoch sicher, dass die außerordentlich guten Beziehungen zwischen unseren beiden Firmen bestehen bleiben.

Mit freundlichen Grüßen

Textiles Engineering Ltd.

...

K. P. Maini

Bestürzung *f*
dismay; bouleversement; consternación

einem schweren Leiden *n* **erliegen**
to succumb to a serious illness; succomber à une grave maladie; sucumbir a una grave enfermedad

jem. sein Beileid *n* **aussprechen**
to express one's sympathy to s.o.; exprimer ses condoléances à qn.; expresar el pésame a alg.

ein herber Verlust *m*
a painful loss; une perte douloureuse; una grave pérdida

außerordentlich gute Beziehungen *f/pl.*
extraordinarily good relations; relations d'une harmonie exceptionnelle; relaciones extremamente buenas

bestehen bleiben
to remain; demeurer, continuer; subsistir, perdurar

99 Anzeige eines Besuchstermins

Notice of a visit · Annonce d'une visite · Anuncio de una visita

➡ Brief 100

Hans-Jürgen Brandstätter KG

Liliencronstraße 23 · 47057 Duisburg

Mr. Peter J. Elbridge
The Shipping Yard Ltd.
P.O. Box 10 20
South Block
Llanwern Newport
Gwent NP9 0XN
GROSSBRITANNIEN

Duisburg, 08. 09. 19..

Lieber Peter,

ich freue mich dir mitzuteilen, dass ich vom 11. bis 15. Oktober in eurer Gegend sein werde.

Es wäre mir ein großes Vergnügen, in dieser Zeit einen Vor- oder Nachmittag eure Firma zu besuchen und mit dir und den verantwortlichen Herren und Damen über unseren Auftrag 450 XL zu sprechen. Vielleicht könntest du es sogar einrichten, dass wir anschließend entweder zusammen zu Mittag oder zu Abend essen.

Mir wäre ein Treffen am 13. oder 14. am liebsten. Wann, überlasse ich dir. Könntest du mich vielleicht bis Anfang nächster Woche per Fax informieren, wann es dir am besten passt, damit ich meine restlichen Reisepläne entsprechend einrichten kann?

Ich freue mich auf deine baldige Antwort.

Mit besten Grüßen, auch an die Familie,

...

H.-J. Brandstätter

der verantwortliche Herr
the gentleman responsible; le responsable; el señor responsable

es einrichten können
to be able to arrange; pouvoir arranger; poder arreglárselas para

zusammen zu Mittag essen
to lunch together; déjeuner ensemble; almorzar juntos

Treffen *n*
meeting; rencontre; encuentro

es jem. überlassen
to leave it to s.b.; laisser à qn. le soin de ...; dejarlo al criterio de

wann es jem. am besten passt
when it is most suitable for s.b.; quand cela convient le mieux à qn; cuando le cae mejor a alg.

Bestätigung eines Besuchstermins

Confirmation of a visit · Confirmation d'une visite · Confimación de una visita

100

➜ Brief 99

TELEFAX

an: Hans-Jürgen Brandstätter KG, Duisburg
Fax: ++49/203/2340 80

von: Peter Elbridge, The Shipping Yard Ltd., Gwent
Fax: ++44/51/239012

Datum: 15. September 19..

Lieber Hans-Jürgen,

vielen Dank für deinen Brief vom 8. dieses Monats und die Ankündigung deines Besuchs.

Der 13. oder 14. Oktober wären mir sehr recht. Auch die zuständigen Kollegen sind an diesen Tagen im Hause und könnten an der Besprechung teilnehmen.

Es würde mir gut passen, wenn du am 13. nachmittags zu uns kommen würdest. Wenn du es zeitlich einrichten kannst, würden meine Frau und ich dich gern zum Abendessen einladen. Sie würde sich freuen, dich einmal zu Hause begrüßen zu dürfen, um auf diese Weise Gelegenheit zu haben, eure Gastfreundschaft vom letzten Jahr in Duisburg zu erwidern.

Solltest du am Abend des 13. Oktober nicht mehr weit fahren wollen, wäre es auch kein Problem, dir in der Nähe ein Hotelzimmer zu reservieren.

Bitte sage uns noch kurz, ob du einverstanden bist.

Herzliche Grüße, auch an deine Frau,

...

dein Peter

jem. recht sein
to suit s.o.; convenir à qn.; irle a uno bien, estar conforme

im Hause sein
to be on hand; *hier:* être présent; estar en la empresa

an der Besprechung *f* **teilnehmen**
to take part in the meeting; prendre part à la rencontre; tomar parte en la conferencia

es zeitlich einrichten können
hier: to have enough time; pouvoir s'arranger du point de vue temps; poder tomarse el tiempo

jem. zum Abendessen *n* **einladen**
to invite s.o. for dinner; inviter qn. à dîner; invitar a alg. a cenar

jem. zu Hause begrüßen
to invite s.o. to one's home; recevoir qn. à la maison; dar a alg. la bienvenida en su casa

Anhang

Verzeichnis wichtiger Abkürzungen

a.	*am (Main)* on (the Main); sur (le Main); del (Meno)
a. a. O.	*am angegebenen Ort* in the place cited; à l'endroit cité; en el lugar citado
Abs.	*Absatz* paragraph; paragraphe; párrafo
	Absender sender; expéditeur; remitente
Abschn.	*Abschnitt* section; section; sección
Abt(lg).	*Abteilung* department; département, service; departamento
abzgl.	*abzüglich* minus; déduction faite de; deduciendo
Adr.	*Adresse* address; adresse; dirección
a. G.	*auf Gegenseitigkeit* by mutual agreement; mutuel(le); mutuo
AG	*Aktiengesellschaft* (public) limited company, (stock) corporation; société anonyme; sociedad anónima
AK	*Aktienkapital* share / stock capital; fonds social; capital social
Anl.	*Anlage(n)* enclosure(s); annexe; anexo
Anm.	*Anmerkung* note; remarque; nota, observación
Antw.	*Antwort* reply; réponse; respuesta
Art.	*Artikel* article; article; artículo
Auftr.	*Auftrag* order; commande; pedido
AWB	Luftfrachtbrief *air waybill;* lettre de voiture aérienne; carta de porte aéreo
AWV	*Außenwirtschaftsverordnung* foreign trade regulations; règlement / arrêté du commerce extérieur; disposición de economía exterior
Az., AZ	*Aktenzeichen* reference / file number; numéro du dossier; número de registro
b.	*bei (Berlin)* near (Berlin); près de (Berlin); cerca de (Berlin)
B	*Brief (Kurszettel)* sellers; offre; oferta
Bd.	*Band* volume; tome; tomo
beil.	*beiliegend* enclosed; ci-joint; adjunto
Bem.	*Bemerkung* comment; remarque, annotation; observación
Best.-Nr.	*Bestellnummer* order number; numéro de référence; número de pedido
Betr.	*Betreff* re, subject; objet; asunto
bez.	*bezahlt* paid; payé; pagado
bfn.	*brutto für netto* gross for net; brut pour net; bruto por neto
BGB	*Bürgerliches Gesetzbuch* (German) Civil Code; Code civil (allemand); Código civil (alemán)
Bhf.	*Bahnhof* (railway) station; gare; estación
BLZ	*Bankleitzahl* branch code; code bancaire; código bancario
BRT	*Bruttoregistertonne* gross registered tonne; tonneau de jauge brute; tonelada de registro bruto
b.w.	*bitte wenden* please turn over; tournez, s'il vous plaît; al dorso
bz.	*bezahlt (Kurszettel)* paid; payé; pagado
bzgl.	*bezüglich* regarding; concernant; relativo
bzw.	*beziehungsweise* or; respectivement; relativamente, o (sea)

ca. *zirka, etwa* c., ca., approx.; environ; aproximadamente

CFR Kosten und Fracht *cost and freight;* coûts et fret; coste y flete

CIF Kosten, Versicherung und Fracht *cost, insurance, freight;* coûts, assurance, fret; coste, seguro, flete

Co. *Kompagnon* (co-)partner; compagnon associé; socio

c/o per Adresse *care of;* aux bons soins de; al cuidado de

DAX *Deutscher Aktienindex* list of leading German shares; indice allemand du cours des actions; índice bursátil alemán

DEM *Deutsche Mark* German mark(s); deutschmark; marco alemán

dgl. *der-, desgleichen* and such like; de même; igualmente, ídem

d.h. *das heißt* i. e., c'est-à-dire; es decir

d.i. *das ist* that is; soit, c'est; esto es

DIN *Deutsche Industrie-Norm* German industry norm, norme industrielle allemande; Norma Industrial Alemana

Dipl.-Kfm. *Diplomkaufmann* management graduate, diplôme d'études commerciales supérieures; comerciante diplomado

d.J(s). *dieses Jahres* this year; de cette année; del año en curso

DM *Deutsche Mark* German mark(s); deutschmark; marco alemán

d.M(ts). *dieses Monats* this month; de ce mois; del mes corriente

do. *dito, ebenso* ditto; idem; ídem (id.)

EC *Euroscheck* eurocheque; eurochèque; eurocheque

EDV *elektronische Datenverarbeitung* electronic data processing; traitement électronique des données; proceso electrónico de datos

einschl. *einschließlich* including; y compris; incluido

entspr. *entsprechend* corresponding(ly); respectivement, soit; conforme a, respectivamente

etw. *etwaig, etwas* some(what); éventuel, quelque chose; eventual(mente), algo

EU *Europäische Union* European Union; UE, Union Européenne; UE, Unión Europea

evtl. *eventuell, vielleicht* possible; éventuellement; eventual(mente), quizás

EWR *Europäischer Wirtschaftsraum* European Economic Area; Espace Economique Européen; Espacio Económico Europeo

f. *folgende (Seite)* f., following (page); (page) suivante; siguiente (página) – *für* for; pour; para

Fa. *Firma* company, firm; maison; razón social

ff. *folgende (Seiten)* ff., following (pages); (pages) suivantes; siguientes (páginas)

Fil. *Filiale* branch, office; agence; sucursal

FOB frei an Bord *free on board;* franco à bord, franco a bordo

fr. *frei* franco; franco; franco

Fr. *Frau* Mrs, Ms; Madame; señora

frbl. *freibleibend* without engagement; sans engagement; sin compromiso

frdl. *freundlich* friendly; aimable; amable

Forts. *Fortsetzung* continuation; suite; continuación

g *Gramm* gramme(s); gramme; gramo

G *Geld (Kurszettel)* money (share list); demande (cote); cotización demandada

Gebr. *Gebrüder* Bros. (brothers), frères; hermanos

gegr. *gegründet* founded; fondé; fundado

Ges. *Gesellschaft* company; société; sociedad

Gew. *Gewähr* guarantee; garantie; garantía – *Gewicht* weight; poids; peso

gez. *gezeichnet* signed; signé; firmado

ggf. *gegebenenfalls* if appropriate; éventuellement, caso dado

GmbH *Gesellschaft mit beschränkter Haftung* private limited company; société à responsabilité limitée (SARL); sociedad limitada

GS *Geschäftsstelle* branch, office; agence; agencia

gzj. *ganzjährig* throughout the year; toute l'année; todo el año

H *Haben (Konto)* in credit; actif (compte); haber

HGB *Handelsgesetzbuch* commercial code; Code du Commerce; Código Comercial

Hj. *Halbjahr* half-year; semestre; semestre

Hr(n). *Herr(n)* Mr, Messrs.; Monsieur, Messieurs; señor(es)

i. A. *im Auftrag* per pro; par ordre; por orden

i. Allg. *im Allgemeinen* in general; en général; en general

i. Hs. *im Hause* on the premises, in the building, dans la maison; en la empresa

i. H. v. *in Höhe von* for; d'un montant de; por importe de

i. J. *im Jahr* per year, par an; al año, anualmente

Inh. *Inhaber* proprietor; propriétaire; titular, propietario – *Inhalt* contents; contenu; contenido

inkl. *inklusive, einschließlich* including; y compris; inclusive

i.V. *in Vertretung* for and on behalf of; par intérim; en representación

i.V. *in Vollmacht* on behalf of; par procuration; por poder

i.W. *in Worten* in words; en toutes lettres; en letras

jun. *junior* junior; junior; hijo (júnior)

Kat. *Katalog* catalogue; catalogue; catálogo

Kfm. *Kaufmann* salesman, merchant; commerçant; comerciante, negociante

Kfz. *Kraftfahrzeug* motor vehicle; véhicule à moteur; vehículo, automóvil

KG *Kommanditgesellschaft* limited partnership; société en commandite; sociedad en comandita

Kl. *Klasse* class; classe; clase

Kto. *Konto* a/c, account; compte; cuenta

l *Liter* litre; litre; litro

L/C Akkreditiv *letter of credit;* lettre de crédit; crédito documentario

lfd. *laufend* regular(ly); courant; corriente

Lfg. *Lieferung* delivery; livraison; suministro, entrega

Lfzt. *Lieferzeit* delivery period; délai de livraison, plazo de entrega

Lkw *Lastkraftwagen* HGV, heavy goods vehicle; poids lourd; camión

lt.	*laut* according to; selon; según, de acuerdo a
LZB	*Landeszentralbank* central bank of German „Land“, Banque centrale de land; banco central (de un estado federal)
m	*Meter* metre; mètre; metro
m²	*Quadratmeter* square metre(s); mètre carré; metro cuadrado
m. A. n.	*meiner Ansicht nach* in my opinion; à mon avis; según mi parecer
m. a. W.	*mit anderen Worten* in other words, autrement dit; dicho de otro modo
m. E.	*meines Erachtens* in my opinion; selon moi; a mi juicio
mehrj.	*mehrjährig* of / for several years, de plusieurs années; de varios años
MERCOSUL	*Mercado Comum da América do Sul (portug.);* Südamerikanischer Gemeinsamer Markt; South American Common Market; Marché Commun de l'Amérique du Sud; MERCOSUR Mercado Común de la América del Sur
Mio.	*Million(en)* million; million(s); millón, millones
mm	*Millimeter* millimetre; millimètre; milímetro
Mod.	*Modell* model; modèle; modelo
Mrd.	*Milliarde(n)* billion; milliard; mil millones, miles de millones
MS	*Motorschiff* motor vessel; bateau à moteur; motonave
mtl.	*monatlich* monthly; mensuel; mensual(mente), al mes
m.W.	*meines Wissens* to my knowledge; à ma connaissance; que yo sepa
MwSt.	*Mehrwertsteuer* VAT, value added tax; TVA, taxe à la valeur ajoutée; IVA, impuesto sobre el valor añadido
Nachf.	*Nachfolger* successor; successeur; sucesor
n. J(s).	*nächsten Jahres* next year; de l'année prochaine; del próximo año
n. M(ts).	*nächsten Monats* next month; du mois prochain; del próximo mes
Nr.	*Nummer* number; numéro; número
o. a.	*oben angegeben* abovementioned; susmentionné; citado arriba
od.	*oder* or; soit, ou; o
OECD	Organisation für wirtschaftliche Zusammenarbeit und Entwicklung *Organization for Economic Cooperation and Development;* OCDE, Organisation de Coopération et de Développement économiques; OCDE, Organización para la Cooperación y el Desarrollo Económico
o. g.	*oben genannt* above-mentioned; susmentionné; citado arriba
OHG	*offene Handelsgesellschaft* general partnership; société en nom collectif; sociedad colectiva
ÖPNV	*öffentlicher Personennahverkehr* local public transport system, transports publics à courte distance; tranportes públicos
öS	*österreichischer Schilling* Austrian schilling(s); schilling autrichien; chelín austriaco
p. a.	*per annum, pro Jahr* per annum; par année; por año
p. A(dr).	*per Adresse, bei* at; chez; en casa de

Pat. *Patent* patent; brevet; patente

Pf *Pfennig* pfennig; pfennig; pfennig

Pkw *Personenkraftwagen* motorised passenger vehicle; voiture de tourisme; (automóvil de) turismo

PLZ *Postleitzahl* post code; code postal; código postal

ppa. *per procura, in Vollmacht* per pro; par procuration; por poder

PSch *Postscheck* post office cheque; chèque postal; cheque postal

rd. *rund* approx., some; environ; alrededor

Rechn. *Rechnung* invoice; facture; factura, cuenta

Ref. *Referenz* reference; référence; referencia

s. *siehe* see; cf, voir; véase

S. *Seite(n)* page(s); page(s); página(s)

s. a. *siehe auch* see also; cf. aussi, voir aussi; véase también

Sa. *Summa* total; en tout; suma

SB *Selbstbedienung* self-service; selfservice; autoservicio

SCHUFA *Schutzgemeinschaft für allgemeine Kreditsicherung* credit reference agency; agence de renseignement pour la solvabilité de preneurs de crédit; Unión Protectora de los Riesgos Generales de Créditos

s. d. *siehe dort* see; voir là-bas; véase allí

Sdg. *Sendung* consignment, delivery; envoi; envío

sen. *senior* senior; senior; senior, padre

sfr, sFr. *Schweizer Franken* Swiss franc; franc suisse; franco suizo

s. o. *siehe oben* see above; voir ci-dessus; véase arriba

sog. *sogenannt* so-called; appelé; llamado

SS Dampfer *steam ship;* vapeur, vapor

SSV *Sommerschlussverkauf* summer sales; soldes de fin d'été; rebajas de verano

St. *Stück* item, piece; pièce; pieza, unidad

s. u. *siehe unten* see below; voir ci-dessous; véase abajo

SWIFT Gesellschaft für internationalen Zahlungsverkehr zwischen Banken mittels Datenfernübertragung *Society for Worldwide Interbank Financial Telecommunication;* réseau de télétransmission interbancaire international; Sociedad para el Tráfico Internacional de Pagos Interbancarios mediante transmisión de datos a distancia

SZR *Sonderziehungsrechte* special drawing rights; droits de tirage spéciaux; Derechos Especiales de Giro

Tel. *Telefon* telephone; téléphone; teléfono

tlw. *teilweise* partly; en partie; parcial(mente)

Tsd. *Tausend* thousand; mille; mil

u. *und* and; et; y, e

u. a. *und andere(s)* and other; et autres; y otros – *unter anderem* among other things; entre autres; entre otras cosas

u. Ä. *und Ähnliche(s)* and similar(ly), et semblable(s), y similar(es)

u. a. m. *und andere(s) mehr* and more; et d'autres; y otros más

u. A.w. g. *um Antwort wird gebeten* r.s.v.p., répondez, s'il vous plaît; r.s.v.p., répondez, s'il vous plaît; se ruega contestación

u. E. *unseres Erachtens* in our opinion; à notre avis; a nuestro juicio

US $ *US-Dollar* US dollar(s); dollar US; dólar estadounidense

usf. *und so fort* and so on; et ainsi de suite; etcétera

usw. *und so weiter* and so on; etc.; y así sucesivamente

u. U. *unter Umständen* possibly, under certain circumstances; dans certaines conditions; según las circunstancias

u. ü.V. *unter (üblichem) Vorbehalt* with (the usual) reservations; sous les réserves (d'usage); salvo buen fin

u.W. *unseres Wissens* to our knowledge; à notre connaissance; a nuestro saber

v. *von* of; de; de

Val. *Valuta, Wert* value; valeur; valor

vgl. *vergleiche* compare; comparer; compárese

v. H. *vom Hundert* per cent; de cent; por ciento

v. J(s). *vorigen Jahres* last year; de l'année dernière; del año pasado

v. M(ts). *vorigen Monats* last month; du mois dernier; del mes pasado

Vors. *Vorsitzende(r)* chairman, chairwoman, chairperson; président(e); presidente

v.T. *vom Tausend* thousandth; de mille; por mil

Wdh. *Wiederholung* repetition; répétition; repetición

w. o. *wie oben* as above; comme ci-dessus; como arriba

Wo. *Woche* week; semaine; semana

WPK *Wertpapierkennnummer* security identification number; ratio des valeurs; número clave del título

WSV *Winterschlussverkauf* winter sales; soldes de fin d'hiver; rebajas de invierno

z. A. *zur Ansicht* for examination; au choix; à condition; como muestra

z. B. *zum Beispiel* e.g., for example; par exemple; por ejemplo

z. H. *zu Händen* attentn., for the attention of; à l'attention de; a la atención de

z.T. *zum Teil* partly; en partie; en parte

zus. *zusammen* together; ensemble; junto

zz. *zurzeit* at present; actuellement; actualmente

zzgl. *zuzüglich* plus; en sus; más

Buchstabieralphabete

	Deutsch	International
A	Anton	Amsterdam
Ä	Ärger	–
B	Berta	Baltimore
C	Cäsar	Casablanca
CH	Charlotte	–
D	Dora	Danemark
E	Emil	Edison
F	Friedrich	Florida
G	Gustav	Gallipoli
H	Heinrich	Havanna
I	Ida	Italia
J	Julius	Jérusalem
K	Kaufmann	Kilogramme
L	Ludwig	Liverpool
M	Martha	Madagaskar
N	Nordpol	New York
O	Otto	Oslo
Ö	Ökonom	–
P	Paula	Paris
Q	Quelle	Québec
R	Richard	Roma
S	Samuel	Santiago
Sch	Schule	–
T	Theodor	Tripoli
U	Ulrich	Upsala
Ü	Übermut	–
V	Viktor	Valencia
W	Wilhelm	Washington
X	Xanthippe	Xanthippe
Y	Ypsilon	Yokohama
Z	Zacharias	Zürich

Briefmuster und Briefumschläge im Original-Lay-out*

1. Brief mit neuer Form des Datums

SMS

SMS Schloemann-Siemag Aktiengesellschaft
Düsseldorf und Hilchenbach

SMS · Postfach 23 02 29 · 40088 Düsseldorf

Battenfeld France S.A.
45, Avenue Victor Hugo
F-93307 AUBERVILLIERS CEDEX

Ihre Zeichen	Ihre Nachricht vom	Tel. (0211) 881-	Unsere Zeichen	Düsseldorf
b-a	2000-08-14	3068	be-kt	2000-08-22

Ihre Anfrage

Sehr geehrte Damen und Herren,

anbei erhalten Sie als Anlage unseren neuesten Katalog. Jedes Modell ist ausführlich beschrieben, sodass Sie sich über die Ausführung und die technischen Einzelheiten ein Bild machen können. Wir danken Ihnen für Ihre Anfrage und hoffen bald wieder von Ihnen zu hören.

Mit freundlichen Grüßen

SMS Schloemann-Siemag Aktiengesellschaft

i.A. Becker

Becker

Anlage

V3840d/ 0281

Eduard-Schloemann-Straße 4 · 40237 Düsseldorf
Telefon: (0211)881-0 · Telefax: 8814902
Telex: 858998-0 sm d

Vorsitzender des Aufsichtsrates: Dr. Klaus von Menges
Vorstand: Wilfried Bald, Heinrich Weiss

Sitz der Gesellschaft: Düsseldorf
Registergericht:
Amtsgericht Düsseldorf, HRB 25779

* Diese Beispiele sind maßgebend für die äußere Form, die in den 100 Musterbriefen aus Platzgründen nicht immer eingehalten werden kann.

2. Brief

VinEspa
vinos españoles GmbH

VinEspa · Hauptstraße 157 · 41236 Mönchengladbach

Büro/Oficina
Hauptstraße 157
41236 Mönchengladbach
Telefon 02166/25005
Telefax 02166/25006

Depots in Mönchengladbach,
Rheydt und Erkelenz

Los buenos vinos de España

Ihre Zeichen: sag 11 Unser Zeichen: PA/ag Mönchengladbach
Ihre Nachricht vom: 20.10.19.. Unsere Nachricht vom: 03.11.19..

Ihr Auftrag 7 PCO 911/650 vom 18.10.19..

Sehr geehrte Damen und Herren,

wir bestätigen Ihren telefonischen Auftrag vom 18.10.19.. sowie Ihr Fax vom 20.10.19.. und danken Ihnen dafür.

Die 20 Kisten à 12 0,7 Liter-Flaschen MALUMBRES TINTO 1993 werden Ihnen im Verlauf der nächsten Woche zugehen. Die Rechnung erhalten Sie mit getrennter Post.

Wir danken nochmals für Ihre Bestellung und würden uns freuen, wenn Sie diese Weine fest in Ihr Programm aufnehmen würden.

Mit freundlichen Grüßen

i.A. Kale

Marion Kale
Verkaufsleiterin

Postgiroamt Köln Konto-Nr. 421334-501 (BLZ 37010050)
Sitz der Gesellschaft: Walbeckerstraße 1, Düsseldorf, HRB 1481
Geschäftsführer: Peter Abegg

3. Briefumschlag

Luftpost

Herrn
Luis Rovira
Transits, 23
E-46002 Valencia

4. Fensterbriefumschlag

DHC e.V. · Niederkasseler Weg 10 · 40547 Düsseldorf

Herrn
Balthasar Schmitz
Humboldtstraße 34

03050 Cottbus

Telefax im Original-Lay-out

FAX Nr./ No. Télécopie N°	Seiten/Pages 1 / 1	Datum/Date 04.09.19..	SMS
Von/From/De: SMS Schloemann-Siemag AG, Postfach 230 229, 40088 Düsseldorf			
Name/Emetteur Herr Becker	OE/Dept./Sce. be-kt	Tel.:(0211)881- 30 68	Fax/ Télécopie (0211)881-31 10
Auftrags-/Projekt Nr. Order/Project No. Commande/Projet N°	Kennwort Codeword Code		Interner Verteiler
An/To/Destinataire			Fax/Télécopie (00 33-1) 48 34 57

Battenfeld France S.A.
45, Avenue Victor Hugo

F-93307 AUBERVILLIERS CEDEX

Ihr Schreiben vom 25. August 19..

Sehr geehrte Damen und Herren,

anbei übersenden wir Ihnen, wie gewünscht, unsere allgemeinen Geschäftsbedingungen.

Mit freundlichen Grüßen

SMS Schloemann-Siemag AG

i. A. Becker

Becker

Anlage

Alphabetisches Sachregister

Die Tilde ~ steht für das halbfette Stichwort. Die Ziffern geben die Nummer des Briefes an.